BORIS NIKOLAI KONRAD

Mehr Platz im Gehirn

Boris Nikolai Konrad

MEHR PLATZ IM GEHIRN

Entspannt mit Informationsflut, Lernherausforderungen und dem modernen Leben umgehen

ARISTON

MIX
Papier | Fördert gute Waldnutzung
FSC® C014496

Penguin Random House Verlagsgruppe FSC® N001967

6. Auflage

Neumarkter Straße 28, 81673 München
produktsicherheit@penguinrandomhouse.de
(Vorstehende Angaben sind zugleich Pflichtinformationen nach GPSR.)

Redaktion: Evelyn Boos-Körner
Illustrationen: Selma Koopman, Sketch & Strategy, Utrecht
Umschlaggestaltung: Hauptmann und Kompanie, Zürich,
unter Verwendung eines Fotos von Kay Blaschke
Satz: Satzwerk Huber, Germering
Druck und Bindung: GGP Media GmbH, Pößneck
Printed in Germany

ISBN: 978-3-424-20248-9

Für Eva Maja, Mats, Jona und Benja

Inhalt

Vorwort

Haben Sie manchmal das Gefühl, dass Ihr Kopf voll ist? Wegen zu vieler Informationen. Zu viel, um sich alles zu merken. Zu viel, was Ihre Aufmerksamkeit erfordert. Dann sind Sie nicht allein! Wir leben in einer Zeit, in der wir alle zunehmend gestresst sind. Die Digitalisierung verspricht uns Fortschritt und Verbesserungen, aber sie verursacht auch mehr Stress. Die Tatsache, dass man alles nachschlagen kann, beruhigt einen nicht, sondern gibt einem im Gegenteil das Gefühl, dass man nicht mehr mithalten kann. Familie, Arbeit, Ausbildung, Freunde und Hobbys – all das verlangt Ihre Aufmerksamkeit und Konzentration. In all diesen Bereichen werden Sie mit Informationen überschüttet, die Sie überblicken und sich merken wollen.

Nur wenige Menschen sind der Meinung, dass sie ein gutes Gedächtnis haben. Kaum jemand schöpft sein volles Potenzial aus. Es gibt eine ständige Flut von Informationen und keine Zeit, die Spreu vom Weizen zu trennen. Die gute Nachricht: In diesem Buch lernen Sie, wie Sie Ihr Gedächtnis optimal nutzen können. Wie Sie Ruhe in Ihrem Kopf schaffen und sich entspannen können, wenn Sie mit all den Informationen konfrontiert werden, die Ihre Aufmerksamkeit erfordern. Und: Wie Sie nie wieder einen Namen, ein Passwort oder die Hälfte Ihrer Einkäufe vergessen!

Gedächtnisblitz: Aufmerksamkeit

Suchen Sie öfter mal Ihre Schlüssel? Oder Ihre Brieftasche? Ihre Brille? Das sind in der Regel die Gegenstände, die man in einem unbewussten Moment irgendwo im Haus liegen lässt. Dieses Phänomen hat nichts mit dem Gedächtnis zu tun! Das ist zumindest meine Ausrede, wenn ich meine Frau fragen muss, ob sie die Schlüssel gesehen hat, woraufhin sie mich fragt, ob sie nicht mit einem Gedächtnismeister verheiratet ist.

Aber es stimmt: Es ist kein Gedächtnisproblem. Es ist eine Frage der Aufmerksamkeit. Ich komme herein und höre einen unserer Zwillingssöhne schreien, mein Telefon klingelt oder ich will schnell den Fernseher einschalten, um das Fußballspiel nicht zu verpassen. Auf jeden Fall beschäftigt sich mein Gehirn nicht mit so etwas Trivialem wie der Frage, wo ich die Schlüssel hinlegen soll. So landen sie statt auf der üblichen Ablage im Flur auf dem Sofa, dem Küchentisch oder dem Fernsehschrank, ohne dass ich es bemerke. Wenn die Schlüssel mal verlegt sind, ist das also kein Grund zur Sorge. Wenn Sie die Schlüssel regelmäßig im Ofen, im Kühlschrank oder in der Waschmaschine finden, ist das ein Grund zur Sorge. Aber nicht, wenn es nur ab und zu vorkommt, dass Sie suchen müssen.

Die einfachste Lösung für dieses Problem ist so offensichtlich, dass es mir fast peinlich ist, sie mit Ihnen zu teilen: eine Schale, ein Schlüsselkasten oder Haken an der Wand im Flur neben der Eingangstür für die Schlüssel. Und diese sollten Sie tatsächlich auch zur Schlüsselablage nutzen. Jedes Mal. Das Gleiche gilt für Dinge wie Ihr Telefon,

Ihr Portemonnaie oder Ihre Brille: Versuchen Sie, sie bewusst an einen festen Platz zu legen. Wenn das gerade nicht geht, legen Sie Gegenstände bewusst ab, lenken Sie Ihre Aufmerksamkeit darauf!

Wenn ich mit meinen Kindern spielen will und meine Brille abnehme, sage ich mir langsam und deutlich (in Gedanken): »Ich lege jetzt die Brille auf dem Kaminsims ab!« Wenn ich das tue, finde ich sie dort später wieder. Also meistens. Solange die Kinder noch klein sind, verschwinden Dinge auch aus diesem Grund. Dann lohnt doch noch ein Blick in die Spielzeugschublade.

Versuchen Sie eine Zeit lang, jedes Mal, wenn Sie etwas weglegen, dies auf diese Art bewusst zu tun. Sich selbst laut oder in Gedanken zu sagen, was Sie wohin legen. Sie werden merken: Sie gehen viel seltener auf die Suche.

Technologie verspricht uns, dass wir unser Gedächtnis weniger benutzen müssen. Geräte wie Computer oder Smartphone speichern unsere Benutzernamen und Passwörter automatisch ab. Die Namen der neuen Nachbarn lesen Sie auf Facebook, wenn die Freundschaftsanfrage kommt – noch bevor die Nachbarn sich überhaupt an der Haustür vorgestellt haben. Jede große Firma hat Programme, in denen Großteile der firmeneigenen Informationen abgespeichert sind, sogenannte Enterprise Content Management Systeme. Diese haben natürlich Suchfunktionen und nützliche Tools, um im richtigen Moment die Information parat zu haben, dank vermeintlicher oder echter künstlicher Intelligenz. Trotzdem fühlen sich viele Menschen hierdurch zunehmend gestresst, obwohl man doch denken sollte, dass all diese Hilfsmittel sie entlasten. Wie passt das zusammen?

Die kurze Antwort: Unser Gedächtnis ist nicht für moderne Informationsverarbeitung gemacht. Nicht für die Menge und auch nicht für die Art der Informationen, die es Tag für Tag verarbeiten muss. Außerdem erklärt uns niemand, wie wir unser Gehirn am besten benutzen. Tatsächlich gibt es Gedächtnistechniken, die uns enorme Verbesserungen beim Lernen ermöglichen. Aber fast niemand benutzt sie.

Wenn Sie einen Computer oder ein Auto kaufen, erhalten Sie eine oft Hunderte Seiten lange Anleitung. Letztens habe ich in einem Möbelhaus ein Kissen mit Hülle gekauft. Selbst da war eine sechsseitige Anleitung mit dabei! Ich hoffe, dass dieses Buch dann auch eine Anleitung für Ihr Gehirn ist. Eine Anleitung, die Ihnen zeigt, wie Sie Ihr Gedächtnis einsetzen und trainieren. Wie Sie so Stress reduzieren und mehr Ruhe und Konzentration erfahren und in Zukunft selbstsicher Ihr Gehirn so benutzen, wofür es gemacht ist. Sie werden so auch die Herausforderungen meistern, die vielen schwerfallen, weil eben die wenigsten wissen, dass und wie es besser geht.

Das war zumindest meine eigene Erfahrung. Früher, als ich noch zur Schule ging, fand ich es nervig, dass ich mir so viel merken soll. Wie für die meisten Schülerinnen und Studenten war Auswendiglernen für mich eher ein Schimpfwort. »Pauken« war lästig und schwierig. Warum sollte ich Lateinvokabeln lernen, wenn die doch im Wörterbuch stehen? Namen von Politikerinnen, Mathematikern oder Königinnen behalten? Das erschien mir oft sinnlos. Und hoffnungslos.

Klar, heute denke ich da ganz anders. Ja, nicht nur in der Schule muss man alles Mögliche lernen und auswendig lernen, wofür man manchmal keine Notwendigkeit sieht; wenn wir nicht verstehen, was es uns überhaupt bringt, frustriert oder verärgert uns das. Aber wenn man weiß und es selbst erfahren hat, wie einfach es sein kann, etwas zu lernen, dann macht es plötzlich richtig viel Spaß! Und dass man manchmal etwas lernen muss, auch wenn es schwierig sein kann, daran zweifeln nicht einmal Schüler und Studentinnen. Heute weiß ich: Lernen ist nicht ätzend, weder schwierig noch langweilig und oft noch nicht mal anstrengend. Es gibt großartige Techniken, um fast alles zu lernen, unabhängig von Talent, Alter oder Intelligenz.

Inzwischen bin ich Hirnforscher, untersuche Gedächtnisleistungen und Gedächtnistraining wissenschaftlich. Die Studien sind eindeutig. Jeder kann sein Gedächtnis trainieren und so deutlich verbessern. Und wer das tut, der verändert sein Gehirn![1] Das klingt jetzt vielleicht nach großem Aufwand, aber tatsächlich hält sich der in Grenzen. In unseren Studien zeigte sich: Wer sein Gedächtnis nur für wenige Wochen trainiert, kann schon deutliche Verbesserungen erwarten. Und: Während der Lernaufgabe sehen wir danach im Gehirn weniger Aktivität! Die Trainierten benötigten also bei deutlich besserer Merkleistung weniger Energie und Aufwand als jemand Ungeübtes[2] (siehe dazu die Box *Neural Efficiency* in Kapitel 2). Es ist also entspannter und kostet weniger Mühe, mit Gedächtnistechniken zu lernen. Gleichzeitig steigt die Sicherheit, sich eine Information merken zu können, und auch die Nachhaltigkeit, wie lange etwas Gelerntes im Gedächtnis bleibt. Denn mit den richtigen Gedächtnistechniken »speichert« man Informationen direkt im Langzeitgedächtnis!

Noch einmal überraschender: Eigentlich ändert sich durch Gedächtnistraining das Gedächtnis gar nicht. Die Gedächtnisleistung natürlich sehr wohl. Sie haben bereits ein großartiges Gedächtnis, das super funktioniert. Sie benutzen es nur nicht optimal. Emotionen, Erlebnisse, Geschichten und Bilder können Sie sich mit großer Wahrscheinlichkeit sehr gut merken. Leider ist ein Passwort keine emotionale Erfahrung, die To-do-Liste keine aufregende Geschichte. Aber das können sie werden!

Dass wir Dinge vergessen, ist auch kein Fehler unseres Gehirns. Es geht absolut nichts schief, wenn das passiert. Im Gegenteil! Genau so funktioniert unser Gehirn, so *erzeugt* es Gedächtnis. In meinem 2016 erschienenen Buch *Alles nur in meinem Kopf* habe ich ganz ausführlich erklärt, wie das genau funktioniert und warum das so ist. Zusammengefasst: Nicht jedes Frühstück ist wichtig. Nicht jeder Hund, der Ihnen entgegenkommt, ist es wert, erinnert zu werden. Um zu überleben, muss Ihr Gehirn nur wissen, wo das Frühstück ist – was für unsere Urahnen im Gegensatz zu uns durchaus eine Herausforderung war. Ihr Gehirn muss bei jedem Hund, bekannt oder nicht, schnell erkennen können, ob dieser friedlich erscheint oder Sie gleich anfallen könnte. Das geht gerade deshalb schnell, weil es sich eben nicht jeden Hund merkt.

Gut zu wissen: Falsche Erinnerungen

Diese gerade beschriebene Tendenz unseres Gehirns, Informationen zusammenzufassen und zu verkürzen, führt unter anderem auch zu dem Phänomen der sogenannten falschen Erinnerungen. Die US-amerikanische Kognitionspsychologin Elizabeth Loftus hat sich während ihrer gesamten Laufbahn mit solchen falschen Erinnerungen beschäftigt. Ein typisches Experiment bei ihr sieht zum Beispiel so aus: Prof. Loftus lässt Menschen von ihren frühen Erinnerungen erzählen. Dann antwortet sie so etwas wie: »Ich habe auch schon mit Ihren Eltern gesprochen. Erinnern Sie sich noch daran, wie es war, als Sie sich im Einkaufszentrum verlaufen haben und Sie danach fast eine Stunde herumirrten, um Ihre Eltern zu suchen?« Zuerst antwortet jeder: »Nein. Ich erinnere mich nicht.« Aber wenn die Teilnehmenden bei Folgeterminen erneut gefragt werden, scheinen Erinnerungen zurückzukommen – zumindest bei einigen. »Jetzt erinnere ich mich wieder«, sagen sie dann vielleicht. »Neben den Betten im Kaufhaus war so ein großer Teddybär. Der hat mir gut gefallen, darum hatte ich ihn mir länger angesehen. Danach konnte ich meine Eltern nicht mehr sehen.« Wenn die Forscherin dann antwortet: »Das war nur ein kleiner Test, das ist nie passiert. Wir wollten mal sehen, was Sie dazu sagen«, reagieren manche sogar mit Empörung: »Das kann gar nicht sein, ich erinnere mich ja jetzt wieder daran!«. Wenn eine falsche Erinnerung gelegt wird, kann sie sehr lebendig sein und ist von einer echten Erinnerung für die Probanden nicht mehr zu unterscheiden.

Verbindungen

Menschen können rasend schnell auf neue Eindrücke reagieren. Katze oder Hund? Gefahr oder nicht? Lächeln oder wegschauen Sie können selbst im Dunkeln ein Tier blitzschnell erkennen und eine Entscheidung treffen, wie Sie reagieren. Dieses Verhalten wäre nicht möglich, wenn Ihr Gehirn erst alle Erinnerungen an verschiedene Tiere durchlaufen müsste. Stattdessen muss es sofort in der Lage sein, Konzepte abzurufen und daraus eine Reaktion abzuleiten. Diese Konzepte werden auch Schemas (oder Schemata) genannt.

Unser Gehirn ist durchgehend damit beschäftigt, Informationen, die über unsere Sinne hereinkommen, zu beurteilen. Die Schemas sind die Richtlinien zur Reaktion. Wir lernen immer in Verbindungen, durch Verknüpfen von Altem mit Neuem. Kenne ich diese Situation schon? Was ist diesmal anders als in ähnlichen Momenten? Ein Beispiel: Stellen Sie sich vor, Sie hören von einer

Praktikantin. Vielleicht wird in der Arbeit angekündigt, dass diese die nächsten Wochen mit in Ihrem Team sein wird. Dann haben Sie jetzt sofort eine Idee von dieser Person. Es wird wohl eine Schülerin oder Studentin sein, also jung. Vermutlich freundlich und aufmerksam, aber auch viel zu viel an ihrem Handy. In ihrem Praktikumsbericht wird sie schreiben, dass sie viel gelernt und eine großartige Zeit hatte, aber eigentlich wird sie nicht wirklich viel mitarbeiten. Wahrscheinlich heißt sie Marie. Oder Lisa. Sie haben also schon eine Idee, wie die nächsten Wochen laufen. Sie malen sich aus, was Sie an Mehraufwand erwartet, aber auch an Abwechslung. Haben Sie regelmäßig Praktikanten, werden Sie sich in einigen Jahren nicht mehr an diese eine erinnern können. Es sei denn, sie war dann doch anders, nicht ins Standardschema passend. Das sind die, die in Erinnerung bleiben.

Dass sich eine neue Information im Gedächtnis festhakt oder nicht, hängt von folgenden Kriterien ab:

- Ob es Verbindungen mit vorhandenem Wissen gibt.
- Ob und wie stark Emotionen beteiligt sind.
- Ob etwas einen Ort hat.
- Ob etwas neu ist oder anders als früher.
- Wie oft es sich wiederholt.

Aber Sie können das Heft auch selbst in die Hand nehmen!

Sie können trockene Informationen, bedeutungslose Namen oder eine willkürliche Ziffernfolge (zum Beispiel eine Telefon- oder Kreditkartennummer) in emotionale Geschichten verwandeln, die sich mit Ihrer Vorkenntnis verbinden und einen festen Ort haben. Das schaffen Sie durch Gedächtnistraining, in dem Sie Gedächtnistechniken verwenden. Das bedarf am Anfang etwas Anstrengung, ist aber die Mühe absolut wert. Noch nicht überzeugt? Hier sind sechs Fakten zum Gedächtnistraining, die Sie überzeugen werden.

Sechs Gründe, warum Sie noch heute mit dem Gedächtnistraining beginnen sollten

1. Gedächtnistechniken schaffen Platz im Gehirn

Einer der Gründe, warum uns zu viele Informationen richtiggehend überfordern können, ist, dass wir für sie keinen Platz in unserem Kopf haben. Das ist wörtlich gemeint. Informationen und Erinnerungen sind nicht an einer Stelle abgespeichert. Unser Gedächtnis ist keine Festplatte. Neue Informationen kommen fortlaufend über das Arbeitsgedächtnis in unser Gehirn. Die Arbeitsgedächtniskapazität ist sehr gering. Im Lauf des Tages häuft sich immer mehr an, was noch nicht gut verarbeitet ist. Wenn wir dann schlafen, ist es die Aufgabe des Hippocampus (eines Teils des Gehirns, der im sogenannten limbischen System liegt), all das Neue aufzuräumen. »Das kann weg«, »Das wird ins Langzeitgedächtnis gelegt«, »Das? Was ist DAS?«.

Der Hippocampus hat weitere Funktionen. Er ist zum Beispiel auch stark an unserem räumlichen Gedächtnis beteiligt, dass wir also navigieren und uns Wege merken können. Dafür sitzen dort sogar eigene Zellen, die sogenannten Place Cells (Ortszellen) und in der angrenzenden Hirnrinde Grid Cells (Netzzellen). Zusammen sind diese unser »inneres Navi« und dafür verantwortlich, dass wir uns unsere Umgebung einprägen. Für ihre Entdeckung wurde 2014 der Nobelpreis für Medizin verliehen. Die Zellen sind aber nicht nur für räumliche Karten wichtig. Sie erstellen im übertragenen Sinne auch die »Landkarte« für Wissen und Gedächtnis.[3] Information, die einen festen Platz hat, kann viel leichter abgespeichert werden als solche ohne. Mit Gedächtnistechniken, vor allem der sogenannten Routenmethode (siehe Kapitel 3), geben Sie jeder Information, die Sie behalten wollen, einen festen Platz. So kann Ihr Gehirn sofort an die Arbeit und weiß schon, was es tun muss. Alles mit Ort, das kann es schon!

Dies hilft Ihnen dann nicht nur, sich mehr zu merken, es beruhigt auch ungemein. Was bei Ihnen zu Hause immer am gleichen Ort steht, brauchen Sie nicht suchen. Eine eingängige, übersichtliche Struktur können Sie auch für Ihr Gedächtnis kreieren. Sie wissen dann immer, *wo* in Ihrem Kopf die gesuchten Inhalte zu finden sind.

2. Entspannung! Dem Gedächtnis vertrauen zu können, reduziert Stress

Stress ist eigentlich ein wichtiger und gesunder Abwehrmechanismus. Zu viel Stress dagegen macht krank. Um sich gut zu entspannen, müssen Sie Gedanken loslassen können. Das ist oft genug leichter gesagt als getan.

- »Ich muss heute Abend auf jeden Fall noch die Post zum Briefkasten bringen!«
- »Schon wieder ein neuer PIN-Code. Bloß nicht vergessen!«
- »Morgen habe ich den Termin beim Kunden. Wie hieß da der neue Geschäftsführer noch wieder? Habe ich die Präsentation eingepackt? Worüber hatten wir letztes Mal noch gesprochen?«

Die Angst, etwas zu vergessen, wird zur selbsterfüllenden Prophezeiung. Stress kann Gift sein für Ihr Gedächtnis. Vor allem chronischer Stress. Gedächtnistraining hilft Ihnen, Ihrem Gedächtnis zu vertrauen. Das entspannt. Sie werden sich viel bewusster sein, was Ihr Gedächtnis alles kann, und auch, wo die Grenzen liegen. Sie können lernen, diese Grenzen allmählich zu verschieben und größere Informationsmengen einfach und entspannt zu behalten. Der Stress, ob Sie etwas Wichtiges vergessen könnten, wird viel seltener auftreten.

Sie lernen auch neue Wege, um mit Vergessen umzugehen. Wenn Sie doch mal etwas vergessen, dann muss Sie das nicht mehr ärgern und aufregen. Stattdessen können Sie dies einfach zur Kenntnis nehmen und wissen dann, was Sie beim nächsten Mal tun können, um es doch zu behalten. Sie sind dann weniger oft frustriert und müssen sich nicht mehr über sich selbst aufregen. Unser Gehirn lernt durch den Vergleich mit Bekanntem, durch Aufnehmen und Aussortieren von Informationen, auch durch Verkürzen und Vergessen. Vergessen gehört zum Lernen dazu, genau wie Popcorn zum Kino, Sand zum Meer oder der Shitstorm zu Twitter.

Zukünftig können Sie beurteilen, woran es lag, wenn Sie etwas vergessen haben. Fehlte die Aufmerksamkeit? Konnten keine Verbindungen gelegt werden? Wurde keine Gedächtnistechnik verwendet? Auch klar ist dann, woran es nicht mehr lag: am »schlechten Gedächtnis«. Kein Grund mehr also, sich darüber den Kopf zu zerbrechen.

3. Growth Mindset

Die amerikanische Psychologin Carol Dweck ist bekannt für ihre Untersuchungen zum »Growth Mindset«[4]. Mindset lässt sich am ehesten übersetzen als »Art zu Denken«. Prof. Dweck untersuchte vor allem, wie Menschen über die Frage denken, wo ihre kognitiven Fähigkeiten herkommen. Es stellte sich etwa heraus, dass die einen etwa meinen, dass Intelligenz angeboren ist. Unveränderbar. Ein Talent. Diese Menschen denken dann oft auch, dass zum Beispiel akademischer Erfolg darin begründet liegt, dass jemand dieses Glück hatte, intelligent geboren worden zu sein. Diese Denkweise nennt Dweck »Fixed Mindset«. Andere Menschen sind dagegen der Meinung, dass die Intelligenz etwas ist, das sich ständig verändert, und dass der Erfolg schlauer Menschen eher in harter Arbeit an sich selbst liegt, weil sie viel gelernt und ihre Intelligenz entwickelt haben. Diese Denkweise nennt sie »Growth Mindset«. Zu der Beobachtung gehört auch, dass den wenigsten Menschen bewusst ist, dass es diese Unterscheidung überhaupt gibt und welches Denkmuster bei ihnen überwiegt.

Es ist übrigens egal, welche Ansicht stimmt. Die Wahrheit liegt irgendwo in der Mitte. Veranlagung und Entwicklung spielen beide eine große Rolle! Welches Mindset Sie haben, wirkt sich sehr wohl auf erbrachte Leistungen aus. Wer eher ein Growth Mindset hat, ist im Durchschnitt zufriedener und, laut Dwecks Forschung, weniger gestresst und erfolgreicher. Diese Menschen investieren mehr in sich und ihre Entwicklung und suchen weniger die Schuld bei anderen. Sie gehen ja davon aus, selbst etwas tun zu können.

Wer aber, egal ob bewusst oder unbewusst, davon ausgeht, schlicht nicht begabt genug zu sein, zum Beispiel beim Lernen, der sieht sich auch darin ständig bestätigt: »Siehste, nicht mal ein einfaches Passwort kannst du dir merken!« Wer von sich denkt »Ich habe ein schlechtes Namensgedächtnis«, versucht auch seltener, sich Namen zu merken und umso schlechter wird das Namensgedächtnis. Wer denkt, nicht schlau oder intelligent genug zu sein für ein Studium oder eine Weiterbildung neben dem Beruf, der versucht es auch gar nicht erst. Aber während bei der Intelligenz die Wahrheit noch in der Mitte lag, ist es beim Gedächtnis viel eindeutiger: Das Gedächtnis kann ganz enorm verbessert werden. Völlig unabhängig von Intelligenz, Schulabschluss oder Alter. Vor allem am Anfang werden Sie eine enorm steile Lernkurve sehen und sich rasend schnell beim Einprägen verbessern. Und dann ist klar, was das mit dem Mindset macht: »Ich habe das geschafft! Und wenn ich DAS schaffe, dann kann ich noch viel mehr!« Sie fühlen sich besser und denken positiver über Ihr Gedächtnis als je zuvor. Das schafft Selbstvertrauen und die Zuversicht, auch schwierigere Lernherausforderungen anzugehen. Mit Vorfreude statt Panik, weil Sie dann wissen: »Ja, das kann ich!«

4. Mehr Zeit

Ein Unternehmensberater isst öfter in einem Sushi-Restaurant zu Mittag. Der Laden ist beliebt, meist muss er länger warten, als ihm lieb ist. »Darf ich vielleicht meine Hilfe anbieten?«, fragt er einmal die Bedienung. »Ich kenne mich mit effizienten Prozessen gut aus.« Er darf mit in die Küche und zuschauen. Schnell ist klar: Der Koch ist ein absoluter Experte, was das Sushi selbst angeht, aber das Schneiden der Zutaten und der fertigen Rollen dauert viel zu lange, weil alle Messer stumpf sind. »Warum schleifen Sie die Messer nicht, die sind stumpf!«, empfiehlt der Berater dem Koch. »Mein Herr, Sie sehen doch, wie voll der Laden ist, dafür habe ich echt keine Zeit!«

Die Moral dieser Geschichte, die in verschiedenen Varianten weitererzählt wird: Wir alle sind oft viel zu beschäftigt mit dem, was wir tun, und nehmen uns daher nicht die Zeit, daran zu arbeiten, wie wir es tun und uns zu verbessern. Obwohl klar ist, dass etwas zeitliches Investment jetzt auf lange Sicht sehr viel Zeit bei den wiederkehrenden Aufgaben einsparen könnte, wodurch wir wiederum viel seltener in die stressvollen Zeiten kommen, in denen wir »keine Zeit haben«, an uns zu arbeiten. Aber das ist so wichtig. Lernen und unser Gedächtnis verwenden, das machen wir das ganze Leben lang jeden Tag! Entsprechend ist klar: Jede Stunde, die Sie jetzt ins Gedächtnistraining investieren, kriegen Sie später doppelt und dreifach zurück.

5. Use it or lose it

Das Beste, was Sie für Ihr Gedächtnis tun können, um es auch im Alter fit zu halten, ist, es weiter und viel zu nutzen. Alzheimer und ähnlichen Krankheiten vorzubeugen, ist leider schwierig. Ja: Was gut für Ihren Körper ist, ist natürlich auch gut für Ihr Gehirn. Das bedeutet, nicht zu rauchen, sich gesund zu ernähren und Sport zu treiben. Aber im kognitiven Bereich scheint es wenig zu geben, was man bewusst tun kann, um Alzheimer zu verhindern.

Eine Sache aber gibt es: Die meisten Studien zeigen, dass Menschen, die ihr Gedächtnis häufig benutzen und herausfordern, es auch länger behalten.[5] Gehirnjogging und das sogenannte Arbeitsgedächtnistraining haben in den letzten Jahren in vielen Studien eher enttäuscht. Im Gegensatz dazu ist Gedächtnistraining mit Gedächtnistechniken, wie ich es Ihnen sehr empfehle, eine sehr gute Möglichkeit, Ihr Gedächtnis bewusst und zielgerichtet an die Leistungsgrenze zu bringen und so gesund zu halten. In jedem Alter.

Demenz wird oft erst diagnostiziert, wenn die Betroffenen schon einige Jahre im Ruhestand sind. Ja, es hat logischerweise mit dem Alter zu tun, aber auch mit der Tatsache, dass durch das Aufgeben der Arbeit viele Herausforderungen für das Gedächtnis wegfallen. Fordern Sie Ihr Gedächtnis bitte weiter heraus! Kreuzworträtsel können ein guter Anfang sein, aber Sie können noch mehr tun.

Gut zu wissen: Kognitive Reserve

Direkt gesagt: Ich bin nicht überzeugt, dass Gedächtnistraining Demenz oder Alzheimer verhindern kann. Es bleibt eine Krankheit, die, so viel wir wissen, unter anderem mit dem Verklumpen schlechter Proteine im Gehirn zu tun hat. Leider kann daher niemand mit Gewissheit sagen, niemals Alzheimer zu bekommen, nicht mal ein Gedächtnismeister. Genauso gibt es sehr sportliche Menschen, die mit 50 einen Herzinfarkt kriegen. Aber die Wahrscheinlichkeit ist sehr viel kleiner als bei Menschen, die sich wenig bewegen. So sehe ich das auch beim Gedächtnistraining: Es nützt sehr wohl, auch wenn es die Krankheit wohl nicht verhindert! Wie kann das sein? Unsere Vermutung: Gedächtnistraining hilft, die sogenannte kognitive Reserve aufzubauen. Ist die hoch, weil mehr Verbindungen bestehen, kann das Gehirn darauf zurückgreifen, wenn erste Probleme entstehen. So kann die eigentliche Symptomatik der Demenz vielleicht nicht verhindert, aber oft um Jahre nach hinten verschoben werden. Ein enormer Gewinn für die jeweiligen Betroffenen, Angehörigen und die gesamte Gesellschaft! Wichtig bleibt: Dafür muss das Training vorher passieren! Die Reserve kann nicht mehr aufgebaut werden, wenn die Symptome schon da sind. Das Training, das Sie jetzt machen, nützt Ihnen jetzt – und die damit aufgebaute kognitive Reserve nützt zusätzlich im Alter.

6. Es zahlt sich aus!

Es gibt immer noch nur wenige Menschen, die Gedächtnistechniken beherrschen. Ein trainiertes Gedächtnis macht darum echt einen Unterschied aus! In jedem Alter! An der Schule, an der Uni, im Beruf und im täglichen Leben. Oder wenn Sie Memory-, Scrabble- oder Rommee-Königin der Seniorengemeinschaft werden wollen.

In den über 15 Jahren, die ich inzwischen als Gedächtnistrainer Menschen helfen darf, bin ich in meinen Kursen ungefähr so vielen Zielen wie Menschen begegnet. Und wer die Gedächtnistechniken dann auch weiter trainiert hat, hat sehr davon profitiert. So wie die Schülerin, die nun schon lange als Ärztin arbeitet, nachdem ich ihr helfen durfte, in wenigen Wochen das nötige Niveau im »Medizinertest« zu erreichen, mit dem in Deutschland und Österreich viele Medizinstudienplätze vergeben werden. Oder der Doktorand, der inzwischen Bereichsleiter eines großen Konzerns ist, der mir schrieb: »Dank deines Gedächtnistrainings habe ich perfekte Noten im Promotionsstudium geschafft, die Basis für meine Karriere!« Oder die Besitzer eines Start-ups, die mir schrieben: »Wir wollten Gedächtnistechniken vor allem kennenlernen, um frei und ohne Notizen präsentieren zu können. Schon beim ersten Pitch vor einem Investor haben wir die erhoffte Finanzierungszusage erhalten! Der Investor sagte uns danach, dass er vor allem beeindruckt war, dass wir unseren Zielmarkt offensichtlich perfekt kennen – weil wir alle zugehörigen Kenngrößen im Pitch aus dem Gedächtnis haben einfließen lassen.«

Kurz zu mir

Vielleicht haben Sie mich schon im Fernsehen gesehen. Bei »Wetten, dass ...?«, »Deutschlands Superhirn« oder in einer anderen Sendung. Ich werde dann meist vorgestellt als Gedächtnisweltrekordhalter. Anschließend darf ich zeigen, wie ich mir eine Reihe zufälliger Ziffern merke, ein gemischtes Paket Spielkarten einpräge oder wie ich die Namen von 200 Menschen in einer Viertelstunde auswendig lerne. Viele, die zuschauen, fragen sich: »Ist denn sonst alles okay mit ihm?« Oder sie denken heimlich. »Dieses Talent hätte ich auch gerne!«

Es ist aber gerade nicht so, dass ich das schon immer konnte. In der Schule war davon noch nichts zu sehen. »Boris, du bist halt kein Zweierschüler«, ließ mich meine Lateinlehrerin mal wissen, als ich enttäuscht war, dass die Klausur trotz meiner Meinung nach ordentlicher Vorbereitung nur die Note »ausreichend« einbrachte. Auch in Englisch hatte ich meist eine 4 auf dem Zeugnis – so eben bestanden.

Zum Abitur entdeckte ich dann Gedächtnistechniken für mich, studierte anschließend Physik und Informatik – dies dann dank Gedächtnistraining bereits mit Bestnoten. Es folgte eine

Promotion in Psychologie und heute arbeite ich zum einen als Neurowissenschaftler am Donders Institute für Gehirn, Kognition und Verhalten im niederländischen Nijmegen und erforsche dort mit unserer Arbeitsgruppe, was beim Gedächtnistraining im Gehirn passiert.

Zum anderen bin ich als Gedächtnisexperte tätig und gebe rund 80 Vorträge und Workshops im Jahr, für Firmen, Verbände und Schulen – neben Deutsch auch auf Englisch und Niederländisch. Achtmal habe ich zwischen 2005 und 2018 mit dem deutschen Team die Weltmeisterschaft im Gedächtnissport gewonnen, viermal wurde ich selbst ins Guinnessbuch der Weltrekorde aufgenommen und habe schon rund um die Welt, unter anderem in den USA, Russland, China und Japan, in großen Fernsehshows meine Leistung unter Beweis stellen dürfen.

Ich bin felsenfest davon überzeugt, dass das, was mir heute als Talent nachgesagt wird, weshalb mich andere als »Superhirn« bezeichnen, sehr wenig mit Veranlagung und sehr, sehr viel mit Gedächtnistechniken und -training zu tun hat. Daher möchte ich diese Methoden mit Ihnen teilen und auch, was wir in der Forschung dazu finden, warum solch gigantische Gedächtnisverbesserungen möglich sind. Auch für Sie!

So benutzen Sie dieses Buch

Dieses Buch hat ein Ziel: Ihnen zu mehr Platz im Gehirn, mehr Ruhe und Gelassenheit und einem besseren Gedächtnis zu verhelfen. Ich habe meine Erfahrungen aus fast 20 Jahren Gedächtnistraining und -forschung für Sie zusammengefasst. Sie finden die einfachsten und besten Techniken, mit denen Sie den schnellsten Erfolg erreichen. Es geht nicht um den Gewinn der nächsten Gedächtnismeisterschaft, es geht um das sichere Beherrschen Ihres

Gedächtnisses für das alltägliche Leben, um weniger Stress und mehr Kontrolle über Ihre Gedanken.

In verschiedenen Boxen finden Sie zum einen unter »Gut zu Wissen« spannende Einblicke aus der Theorie und Hirnforschung. Zum anderen unter »Gedächtnisblitz« verschiedene kurze Impulse, die Ihnen ergänzend zu den ausführlich vorgestellten Techniken helfen, zu mehr Ruhe, Entspannung und einem besseren Gedächtnis zu kommen.

Nicht alle werden jede Technik oder alle Vorbilder gleich wichtig finden. Trotzdem rate ich Ihnen, keinen Schritt und kein Kapitel auszulassen. Die Übungen bauen aufeinander auf und die Reihenfolge ist bewusst gewählt. Und wer weiß: Vielleicht überraschen Sie sich selbst gerade da, wo Sie es jetzt noch nicht erwarten!

In Kapitel 1 beginnen wir mit einem Gedächtnistest. Dieser soll Ihnen zu einer realistischen Einschätzung helfen. »Messen heißt Wissen« und die Erkenntnis, wie gut (oder auch nicht) Ihr Gedächtnis wirklich ist, ist der optimale Start.

Ab Kapitel 2 beginnt die Anleitung für Ihr Gedächtnis. Die einfachsten Techniken, um Ihr großartiges Gedächtnis auch richtig zu gebrauchen, so wie es gedacht ist. Mit Erfahrungen, Emotionen, Bildern und spannenden Geschichten. Und der einen oder anderen Überraschung.

In Kapitel 3 werden Sie zum Architekten Ihres eigenen Gedächtnispalastes. Die beste Gedächtnistechnik, die es gibt! Mit Ihrem Palast werden Sie Gedächtnisleistungen erreichen, die Ihnen jetzt noch völlig unmöglich vorkommen.

Kapitel 4 handelt von Gedächtniscodes. Für viele Dinge haben wir Codes nötig, um sie für unser Gedächtnis so vorzubereiten, dass es etwas damit anfangen kann. Das gilt etwa für Zahlen. Mit 58935096 kann Ihr Gehirn wenig anfangen. Mit dem Bild »Ein Löwe im Baum liest ein Buch« sehr viel. Was übrigens ein Code für 58935096 ist.

Im Kapitel 5 wenden wir die dann bereits gelernten Prinzipien auf das Merken von Namen an.

Danach wissen Sie, wie es geht! Aber: Übung macht den Meister. Es ist wie beim Sport. Wer sich mit der Tüte Chips in der Hand auf dem Sofa sitzend Fitnessvideos auf Youtube ansieht, wird kein bisschen fitter. Sie müssen schon selbst was tun! So ist es auch mit unserem Gehirn.

In Kapitel 6 lasse ich Sie daher die verschiedenen Techniken üben, wodurch Sie Ihre geistige Widerstandskraft (auch Resilienz genannt) auf lange Sicht verbessern und viel besser mit der alltäglichen Informationsflut umgehen können. Danach werden Sie auch große Lernherausforderungen spielend meistern!

Um es für Sie so einfach wie möglich zu machen, habe ich einen minimalen Trainingsplan entworfen: in 30 Tagen 30 (mehr oder weniger) kleine Übungen. Das Ziel: das beste Gedächtnis, das Sie jemals hatten!

Zum Schluss dürfen Sie nach diesen 30 Tagen im Kapitel 7 noch einmal den Gedächtnistest aus dem ersten Kapitel machen. Mit neuen Aufgaben natürlich. Ich verspreche Ihnen: Wenn Sie das Training wie vorgeschlagen durchführen, werden Sie ein deutlich besseres Ergebnis erreichen als zu Beginn.

Viel Spaß und viel Erfolg mit *Mehr Platz im Gehirn!*

1 Testen Sie Ihr Gedächtnis

Wie gut ist Ihr Gedächtnis? Viele Menschen antworten mir: »Okay, vielleicht?« Oder: »Jedenfalls nicht gut!« Einige haben das Gefühl, dass ihr Gedächtnis schlechter geworden ist, durch Stress, nach einer Schwangerschaft, in Verbindung mit Krankheiten wie Long Covid oder einfach wegen des Alters. Was viele übersehen: Dass sich das Gedächtnis ändert, ist normal. Das heißt nicht, dass es schlechter wird. Auch andere Umstände können sich geändert haben. Mehr Projekte im Beruf, mehr Stress, weil die Kinder älter werden und mehr Begleitung brauchen, mehr Menschen im Umfeld, mehr Nachrichten, mehr Informationen. Mehr, mehr, mehr ... Und zugleich: weniger freie Zeit zum Verarbeiten, weniger Ruhe, weniger Konzentration. Vielleicht ist das Gedächtnis wirklich schlechter geworden, vielleicht stimmt das Gefühl aber auch nicht.

Daher ist es eine gute Idee, einmal bei der Frage »Wie sieht es denn jetzt wirklich aus?« zu verweilen, sich einmal die Zeit zu nehmen, um sein Gedächtnis zu testen. Ihr Startniveau muss auch deshalb klar sein, um eine spätere Verbesserung, die Sie mit diesem Buch erreichen werden, zu messen.

Dieser Gedächtnistest besteht aus sechs Gedächtnisaufgaben. Diese basieren lose auf einer Reihe von Gedächtnistests, die in der Psychologie und Kognitionsforschung verwendet werden. Diese Aufgaben ähneln den Herausforderungen, die das tägliche Leben so für unser Gedächtnis mit sich bringt. Sie sollen Sie auch an Ihre Grenzen bringen! Ärgern Sie sich also bitte nicht, wenn Sie nur einen Teil der Informationen behalten können. Vielleicht sogar nur einen kleinen Teil. Das soll so sein! Wir wollen ja später auch die Verbesserung messen können. Dieser Test ist für alle:

egal ob jung oder alt, mit Erfahrung im Gedächtnistraining oder ohne, gut ausgebildet oder ohne Schulabschluss und jeweils alles dazwischen. Vorwissen ist nicht relevant, es ist ja ein Gedächtnistest und kein Quiz.

Wichtig: Dieser Test ist explizit nicht zur medizinischen Diagnostik geeignet. Er ist gemacht für gesunde Menschen jeden Alters. Er kann keine Demenz oder andere gesundheitlichen Gedächtnisprobleme nachweisen. Sollten Sie sich ernsthaft um Ihre Gedächtnisleistung oder die von Angehörigen sorgen: Bitte gehen Sie zu einer Ärztin! Das ist in keiner Weise peinlich. Wer sich Sorgen um die Leistungsfähigkeit des eigenen Herzens macht, lässt das schließlich auch von Spezialisten kontrollieren. Genauso sollte es sein, wenn sich jemand Sorgen um die Leistungsfähigkeit des Gehirns oder Gedächtnisses macht. Ihr Hausarzt kann eine Einschätzung geben, vor allem wenn er Sie schon länger kennt. Wenn es sinnvoll ist, wird man Sie an eine Gedächtnissprechstunde verweisen. Solche werden in vielen Kliniken angeboten. Dort werden dann genormte Gedächtnistests zur Diagnostik eingesetzt, unter kontrollierten Umständen – mehr dazu auch in der Box »Gedächtnisdiagnostik« in diesem Kapitel. Ein Selbsttest wie dieser kann dies nicht leisten – weil ihn jeder auf seine eigene Art macht.

Dabei gilt natürlich auch für Ihre eigene Beurteilung: Je konzentrierter Sie die Aufgaben angehen, je genauer Sie sich an die Anleitungen halten, umso vertrauenswürdiger das Ergebnis. Für alle Tests zusammen benötigen Sie etwa 45 Minuten. Überlegen Sie, wann Sie sich demnächst diese Zeit nehmen können. Stellen Sie sich ein Glas Wasser hin, schalten Sie Ihr Handy auf stumm und sorgen Sie dafür, dass Sie nicht gestört werden.

Sie benötigen auch etwas zum Schreiben. Am einfachsten Stift und Papier. Oder Sie schreiben digital auf Telefon, Tablet oder Computer. Falls Sie das tun, deaktivieren Sie bitte alle Meldungen und wechseln Sie in den Flugmodus. Außerdem brauchen Sie eine Stoppuhr beziehungsweise einen Timer, der für Sie die Zeit stoppt und mit Ton alarmiert, wenn die Zeit um ist. Eine solche Timerfunktion hat jedes Smartphone. Die Eieruhr zum Aufziehen ist weniger geeignet, da diese zu ungenau ist. Sollten Sie keinen Timer haben, bitten Sie jemanden um Hilfe, um für Sie die Zeit im Auge zu behalten. Selbst die Zeit im wörtlichen Sinne im Auge zu behalten, etwa mit Ihrer Armbanduhr, ist keine gute Idee, da Sie dies zu sehr ablenken würde.

Für die erste Aufgabe wäre es optimal, wenn Sie jemanden hätten, der Ihnen die Ziffern vorliest. Es geht auch ohne diese Unterstützung, aber am genauesten wird das Ergebnis mit Hilfe.

Halten Sie sich genau an die genannten Zeiten. Klar, es ist einfacher, wenn man sich noch etwas länger Zeit lässt. Aber ein vergleichbares Resultat liefert der Test dann natürlich nicht mehr. Machen Sie erst alle Aufgaben nacheinander, bevor Sie mit dem Auswerten beginnen. Sie erfahren sowieso erst zum Schluss, wie Sie an Ihr persönliches Ergebnis kommen.

Ich wünsche Ihnen viel Spaß und viel Erfolg!

Gut zu wissen: Gedächtnisdiagnostik

»Person, Frau, Mann, Kamera, TV« – Donald Trump, damals amtierender Präsident der USA, war 2020 so richtig stolz, dass er sich diese fünf Worte merken konnte. »Wenn man die in der richtigen Reihenfolge hinkriegt, erhält man Extrapunkte! Sie haben gesagt, dass das fast niemand schafft. Es ist nämlich überhaupt nicht einfach, eigentlich, aber für mich, für mich war es einfach!«, prahlte er in die Kameras.

Außer für viel Spott für Trump sorgte dieser kuriose Auftritt für ungewohnte Aufmerksamkeit für Gedächtnisdiagnostik in den Medien. Es ist natürlich nicht gewünscht, dass die Inhalte dieser Tests einer breiten Öffentlichkeit bekannt werden. Wer die Worte schon vorher kennt, für den ist es kein Gedächtnistest mehr.

Worauf sich Trump offenbar bezog, ist ein Teil des »Montreal Cognitive Assessment«, oft abgekürzt mit »MoCa«. Bezeichnend: Das MoCa ist wirklich nur zur Beurteilung geistiger Einschränkungen gedacht. Es ist ein ausgesprochen einfacher Test. Diesen zu »bestehen«, wie Trump sagte, bedeutet nur, dass Sie vermutlich gesund sind. Von 30 möglichen Punkten (außer der Aufgabe mit den fünf Begriffen gibt es weitere Unterkategorien) holen gesunde Menschen hohen Alters im Schnitt 27,5.

Wie ich schon sagte, es ist immer eine gute Idee, sich eine Expertenmeinung zu holen, wenn ernsthafte Gedächtnisprobleme befürchtet werden. Dafür kann es verschiedene Erklärungen geben und es ist längst nicht immer Alzheimer. Andere Ursachen können auch behandelt werden, warten Sie also bitte nicht, wenn Sie noch zweifeln.

Für die Diagnostik stehen verschiedene Gedächtnistests und Fragebögen zur Verfügung. Diese Tests werden üblicherweise normiert. Das bedeutet, dass Tests, bevor sie in Gebrauch gehen, bereits vorab bei einer großen Anzahl Menschen unter wissenschaftlicher Aufsicht abgenommen werden. Soll ein Test sogar für unterschiedliche Altersgruppen geeignet sein, dann wird dieser auch mit entsprechenden Probandinnen getestet. Mal angenommen, ein solcher Test wurde für Menschen zwischen 15 und 65 entwickelt und soll selbst abweichende Leistungen noch klassifizieren können. Dann müssen natürlich auch entsprechend viele Personen aus den Altersklassen mitmachen.

Meist werden Gedächtnisaufgaben unter Zeitdruck erledigt. Ein Ergebnis, welches für über 60-Jährige noch im Normalbereich liegt, wäre dann bei Teenagern vermutlich nach unten abweichend. Auch das Bildungsniveau der Versuchspersonen muss beachtet werden. Wer nach 13 Jahren Schule noch studiert hat, bei dem wird im Alter eine andere Gedächtnisleistung erwartet als bei Menschen mit sehr viel weniger Jahren im Bildungssystem.

Leider ist es nicht immer so, dass alle diese Faktoren beachtet werden. So werden Tests für junge Erwachsene gerne an Studierenden getestet. Die laufen an der Uni eh rum und sind für wenig Geld zum Mitmachen zu bewegen. Allerdings bilden Studierende natürlich keineswegs den Durchschnitt ihrer Altersklasse. Ein durchschnittlicher Student ist im Vergleich zu allen anderen seines Alters überdurchschnittlich gut. Weil zum einen eher die studieren werden, denen lernen leichtfällt, und zum anderen Studierende natürlich mehr in der Übung sind, was das Lernen angeht, als ihre Altersgenossen, die sich etwa für eine handwerkliche Ausbildung entschieden haben, aber keineswegs »dümmer« (was beim Gedächtnis als Urteil ohnehin Quatsch ist) sind.

Für einen glaubwürdigen Test gibt es daher immer verschiedene Vergleichstabellen, um ein Ergebnis zu beurteilen. Wer einen Test machen lässt, sieht diese zwar nicht, aber der Forscher oder Psychologe, der den Test abnimmt, weiß natürlich genau, mit welchen Normwerten diese Versuchsperson oder Patientin zu vergleichen ist. Auf den exakten Wert kommt es dabei nicht an. In der Diagnostik, also der Beurteilung möglicher Probleme, interessiert, ob ein Ergebnis von der Vergleichsgruppe deutlich abweicht.

Viel wichtiger als der Durchschnitt ist, ab wann ein Ergebnis als auffallend schlecht gilt. Dies wird etwa durch Standardabweichungen angegeben.

Der Gedankengang ist dann etwa: »Diese Klientin ist eine Frau in der Altersklasse 20 bis 29. Sie hat ein Ergebnis von 33. Laut der Normwerte schaffen 70 Prozent aller Frauen dieser Altersklasse mehr als 33 Punkte, 30 Prozent aber ebenso viel oder weniger. Diese Probandin hat nicht gerade besonders gut abgeschnitten, aber auch nicht auffallend schlecht. Kein Grund zur Sorge!«

Wann ein Ergebnis Gründe liefert, um weitere Untersuchungen anzustellen, können Psychologen und Ärztinnen daher mit diesen Tabellen in der Hinterhand im Einzelfall gut entscheiden. Und wenn das Ergebnis ist: Das war keine Spitzenleistung, aber es spricht auch nichts für eine Erkrankung – dann ist das hoffentlich zuerst ein Grund zur Freude und dann ein Grund für Ansporn, es jetzt mit Gedächtnistechniken zu probieren und zu sehen, was alles möglich ist!

Tests

1. Kurzzeitgedächtnis

Die »Ziffernspanne« ist ein oft gebrauchter Test für das Kurzzeitgedächtnis.[6] Die Aufgabe geht so: Auf der folgenden Seite sehen Sie einige Ziffernfolgen. Jede Zeile steht dabei für sich. Der Test beginnt mit einer Reihe mit drei Ziffern. Idealerweise haben Sie jemanden, der Ihnen helfen und die Ziffern vorlesen kann. Haben Sie niemanden, der Ihnen vorlesen kann, lesen Sie sich die Ziffern selbst laut im Tempo von einer Ziffer pro Sekunde vor – Sie dürfen aber nicht zurückgucken auf schon gelesene Ziffern! Danach aus dem Gedächtnis aufschreiben, dann die nächste Reihe.

Die Ziffern sollen im Tempo von ungefähr einer Ziffer pro Sekunde vorgelesen werden. Also in einem ruhigen Tempo, aber ohne lange Pausen zwischen den Ziffern. Direkt nachdem alle Ziffern einer Zeile vorgelesen wurden, sollen Sie diese aus dem Gedächtnis aufschreiben. Es geht also los mit drei Ziffern. Sie dürfen natürlich nicht mitschreiben, aber sofort loslegen, nachdem die letzte Ziffer ausgesprochen wurde. Wenn Sie fertig sind mit Schreiben, folgt die nächste Reihe. Pro Schwierigkeitsstufe gibt es zwei Versuche. Also zweimal drei Ziffern, dann zweimal vier Ziffern und so weiter. Maximal können Sie bis zehn Ziffern weitermachen – aber untrainiert ist dies nahezu unmöglich. Wenn Sie schon vorher sicher sind, dass es auf gar keinen Fall mehr klappt, können Sie natürlich eher aufhören.

Länge	-	Ziffernfolge
3	-	2 9 8
3	-	3 0 6
4	-	4 5 7 6
4	-	5 1 3 5
5	-	8 4 5 0 7
5	-	4 7 5 8 1
6	-	2 3 9 0 7 5
6	-	8 1 5 0 2 3
7	-	9 1 5 2 5 8 6
7	-	2 5 1 9 2 2 7
8	-	3 8 7 5 4 5 7 1
8	-	5 9 3 7 6 0 6 5
9	-	7 9 1 6 4 0 5 1 9
9	-	8 5 0 3 2 6 4 3 9
10	-	3 4 7 3 7 0 6 3 8 5
10	-	4 9 5 8 4 1 8 7 0 6

2. Einkaufsliste

Auf der nächsten Seite finden Sie eine Liste mit 40 Dingen, die Sie in Geschäften finden können. Sie haben vier Minuten Zeit, um sie sich anzusehen und einzuprägen. Dann haben Sie weitere vier Minuten Zeit, um sich an so viele Dinge wie möglich zu erinnern. Die Reihenfolge ist nicht wichtig, ebenso wenig die Rechtschreibung. Es muss aber das richtige Wort sein. Wenn Sie sich an »Lappen« erinnern, es aber »Tuch« war, zählt das nicht.

Tipp: Es gibt 40 Wörter. Sie müssen sich sicher nicht alle ansehen! Dieser Test soll für jedes Niveau eine Herausforderung sein, auch noch nach dem Gedächtnistraining. Oft ist die Punktzahl höher, wenn man sich einen Teil der Wörter zweimal ansieht, anstatt alle Wörter nur einmal zu lesen.

Hinweis: Vergessen Sie diese Wörter **nicht** sofort, nachdem Sie sie aufgeschrieben haben!

LERNEN – 4 MINUTEN

01. Nasenspray
02. Erbsen
03. Tasche
04. Telefon
05. Kokosmilch
06. Kerze
07. Besen
08. Kartoffeln
09. Schuhe
10. Cornflakes
11. Bananen
12. Spielkarten
13. Nägel
14. Wasser
15. Holzkohle
16. Melone
17. Spinat
18. Handtuch
19. Hocker
20. Schere
21. Kamm
22. Mehl
23. Computer
24. Mozzarella
25. Hackfleisch
26. Waschmittel
27. Backpapier
28. Kaffee
29. Blumenstrauß
30. Sahne
31. Briefumschläge
32. Gurke
33. Toilettenpapier
34. Teller
35. Gitarre
36. Kleiderbügel
37. Handcreme
38. Kochbuch
39. Erdnüsse
40. Kissen

WIEDERGABE – 4 MINUTEN

3. Kreditkartennummern

Die dritte Aufgabe testet Ihr Zahlengedächtnis. Sie sehen gleich vier Kreditkarten mit Kartennummer, Gültigkeitsdatum und Sicherheitscode. Sie haben fünf Minuten, um sich so viele wie möglich von diesen Daten zu merken. Die Wiedergabezeit beträgt anschließend vier Minuten, in denen Sie aufschreiben, woran Sie sich erinnern. Hierbei muss die Reihenfolge natürlich stimmen: Wenn Sie mit Ihrer Kreditkarte etwas bestellen wollen, aber zwei Ziffern sind verdreht, kommt der Paketbote nicht vorbei.

Wichtig: Sie erhalten für jede korrekte Ziffer einen Punkt. Es muss also nicht die vollständige Kartennummer richtig sein, um Punkte zu sammeln. Auch hier gilt: Ziemlich sicher stehen hier deutlich mehr Ziffern, als Sie sich in den fünf Minuten merken können. Lieber weniger anschauen, dafür diese richtig haben, als am Ende alles durcheinanderzubringen.

Damit auch Menschen, die beruflich in der Bank arbeiten, keinen Vorteil haben, sind es komplett zufällige Ziffernfolgen. Es hilft Ihnen daher nicht, wenn Sie schon wissen, dass normalerweise alle American-Express-Karten mit 37 beginnen. Die Namen der Karten müssen Sie sich nicht merken!

LERNEN – 5 MINUTEN

WIEDERGABE – 4 MINUTEN

4. Ungarisch-Vokabeln

Merken Sie sich so viele ungarische Worte wie möglich in nur zwei Minuten. Diese Aufgabe ist für Sie leider nicht geeignet, falls Sie bereits Ungarisch können.

Sie sehen gleich 20 ungarische Worte mit der jeweiligen deutschen Übersetzung. Diese dürfen Sie sich zwei Minuten lang ansehen. Anschließend werden Sie die 20 ungarischen Worte in einer anderen Reihenfolge erneut sehen und sollen aus dem Gedächtnis in maximal vier Minuten die Übersetzungen aufschreiben, die Sie noch wissen. Es ist also nicht nötig, dass Sie die ungarischen Begriffe perfekt lernen: Es reicht, wenn Sie diese anschließend wiedererkennen.

LERNEN – 2 MINUTEN

hal – Fisch
fa – Baum
játék – Spiel
macska – Katze
orr – Nase
ajtó – Tür
hajó – Schiff
felhő – Wolke
sajt – Käse
üveg – Glas

olvas – lesen
fut – rennen
alvás – Schlaf
keres – suchen
venni – nehmen
piros – rot
kicsi – klein
boldog – glücklich
szép – schön
kemény – hart

WIEDERGABE – 4 MINUTEN

venni
üveg
ajtó
játék
keres
orr
fut
kicsi
olvas
sajt
felhö
alvás
kemény
piros
boldog
hal
hajó
macska
fa
szép

5. Namen und Gesichter

Eine alltägliche Herausforderung, die viele scheuen: sich Namen zu merken. In der fünften Aufgabe geht es genau darum. Sie sehen 15 Gesichter mit zugehörigen Vor- und Nachnamen. Vier Minuten dürfen Sie sich diese ansehen. Danach haben Sie vier Minuten Zeit, um unter die gleichen Gesichter die Namen zu schreiben, an die Sie sich erinnern. Achtung: Die Gesichter werden natürlich gemischt, also in einer anderen Reihenfolge präsentiert als beim Merken.

Für jeden richtigen Vornamen gibt es einen Punkt und für jeden richtigen Nachnamen ebenso. Natürlich nur, wenn diese unter dem richtigen Foto stehen. Haben Sie sich zu einem Gesicht Vor- und Nachnamen korrekt gemerkt, gibt das also zwei Punkte. Stimmt nur Vor- oder Nachname, immerhin noch einen. Maximal möglich sind 30 Punkte, Strafpunkte für Fehler gibt es nicht. Da Fotos auch nicht sauer sind, wenn sie falsch angesprochen werden, ist der Tipp klar: lieber raten, auch wenn Sie unsicher sind, als gar nichts aufschreiben.

LERNEN – 4 MINUTEN

Daniel
Schmitt

Susanne
Deickert

Thomas
Waldmann

Flora
Haas

Lars
Janssen

Lea
Fuchs

Mohamed
Yilmaz

Johanna
Kowalski

Wilhelm
Otto

Lisa
Mascini

Henry
Bahlow

Aylin
Cavusoglu

Alexander
Hausding

Hannah
Lewis

Finn-Luca
Weber

WIEDERGABE – 4 MINUTEN

6. Langzeitgedächtnis

Die letzte Aufgabe: Schreiben Sie noch einmal die Worte der Einkaufsliste auf, an die Sie sich jetzt noch erinnern. Nicht spicken!

Auswertung

Geschafft! Jetzt dürfen Sie ausrechnen, wie viele Punkte Sie erhalten und was das bedeutet. Tragen Sie in die Tabelle (siehe S. 53) ein, wie viele Punkte Sie pro Aufgabe gesammelt haben. Die genaue Zählung pro Aufgabe funktioniert so:

1. Ziffernspanne
Pro Anzahl Ziffern hatten Sie zwei Versuche. Es gab zwei Zeilen mit drei Ziffern, zweimal vier und so weiter. Überprüfen Sie jede Zeile einzeln. Haben Sie von einer Länge mindestens einmal alle Ziffern exakt richtig? Dann machen Sie weiter. Haben Sie beide Versuche nicht oder nicht ganz richtig? Dann hören Sie auf. Ihr Ergebnis ist die Anzahl der Ziffern, bei der Sie zuletzt mindestens in einem der beiden Versuche alle Ziffern richtig wussten.

Beispiel: Bis zu einer Länge von fünf Ziffern in einer Reihe ist alles richtig. Bei der Länge »sechs Ziffern« sind immerhin noch in einem der beiden Versuche alle sechs Ziffern richtig. Bei sieben Ziffern ist dann in beiden Versuchen ein kleiner Fehler. In diesem Beispiel ist das erreichte Ergebnis also sechs. Selbst wenn bei einer der Reihen mit acht Ziffern alles stimmen sollte! Sie hören auf weiterzuzählen, wenn Sie bei einer Länge in beiden Versuchen daneben lagen.

2. Einkaufsliste

Für jeden Punkt auf der Einkaufsliste, den Sie sich richtig gemerkt haben, erhalten Sie einen Punkt. Die Reihenfolge oder Schreibweise ist nicht wichtig, es muss nur das richtige Wort sein. Sie wissen selbst, ob Sie diesen Artikel gemeint haben.

3. Kreditkartennummern

Alle Zahlen, die an der richtigen Stelle stehen, bringen einen Punkt. Also maximal 23 pro Karte. 16 Ziffern für die Nummer, vier für den Monat und das Jahr, drei für den Code.

Hier ist die Reihenfolge wichtig. Wenn der richtige Code 123 ist und Sie 312 geschrieben haben, gibt es leider keinen Punkt.

4. Wörter auf Ungarisch

Für jede richtige Übersetzung erhalten Sie einen Punkt. Auch hier ist die Rechtschreibung nicht wichtig. Sie dürfen großzügig auch Boot statt Schiff als richtig zählen, aber Kanu wäre wirklich falsch.

5. Namen und Gesichter

Ein Punkt für jeden korrekten Vornamen und ein Punkt für jeden korrekten Nachnamen unter dem richtigen Gesicht. Wenn beides stimmt, gibt es dafür zwei Punkte.

6. Langzeitgedächtnis

Genau wie bei Übung 2 – ein Punkt für jedes richtige Wort.

Erzielte Punkte

Aufgabe	Punktzahl	maximale Punktzahl	korrigierte Punktzahl
1. Ziffernspanne		10	
2. Einkaufsliste		40	
3. Kreditkarten		92	
4. Ungarisch		20	
5. Namen und Gesichter		30	
6. Langzeitgedächtnis		40	

Bonuspunkte!

In der Tabelle sehen Sie noch die Spalte »korrigierte Punktzahl«. Sie sind nämlich noch nicht fertig mit dem Punktesammeln. Zumindest einige haben sich Bonuspunkte verdient! Und dafür müssen Sie nicht einmal etwas tun. Die Bonuspunkte kriegen Sie für Ihr Alter – und zwar schon ab 30. Alle Gedächtnisaufgaben in diesem Test haben eine beschränkte Bearbeitungszeit. Gerade das sehr schnelle Lernen lässt aber mit dem Alter nach. Daher die Punkte für ausgleichende Gerechtigkeit.

Gut zu wissen: Das Gedächtnis im Alter

Unser Gedächtnis wird im Alter nicht automatisch schlechter. Ja, Gedächtnisleistungen verändern sich und unter anderem das schnelle Einprägen von komplett neuen Inhalten wird schwieriger. Aber nicht jede Veränderung ist schlecht. Die Anforderungen an unser Gedächtnis ändern sich schlicht. Mit 15 haben wir noch viel zu lernen, daher muss schnell Neues rein. Mit 65 haben wir viele Erfahrungen, die wir verwenden und von denen wir profitieren. Das Verbinden, Verstehen und Verwenden ist jetzt wichtiger als das Neulernen. Trotzdem ist es gut zu wissen, dass gerade das Lernen dank Gedächtnistraining in jedem Alter deutlich verbessert werden kann. Mit mehr Platz im Gehirn dank guter Gedächtnistechniken können in jedem Alter Gedächtnisspitzenleistungen erreicht werden!

Pro Aufgabe gibt es abhängig vom Alter Bonuspunkte. Zählen Sie diese zu Ihrem Ergebnis hinzu und tragen Sie dieses unter »korrigierte Punktzahl« ein.

Aufgabe 1 – Ziffernspanne

Bis 50 Jahre – kein Bonus
50–60 Jahre – 1 Bonuspunkt
60–70 Jahre – 2 Bonuspunkte
70–80 Jahre – 3 Bonuspunkte
80+ – 4 Bonuspunkte

Aufgaben 2 und 6 – Einkaufsliste

Bis 30 Jahre – kein Bonus
30–40 – 1 Bonuspunkt
40–50 – 2 Bonuspunkte
50–60 – 3 Bonuspunkte
60–70 – 5 Bonuspunkte
70–80 – 7 Bonuspunkte
80+ – 10 Bonuspunkte

Aufgabe 3 – Kreditkartennummern

Bis 50 – kein Bonus
50–60 – 3 Bonuspunkte
60–70 – 5 Bonuspunkte
70–80 – 8 Bonuspunkte
80+ – 12 Bonuspunkte

Aufgabe 4 – Ungarisch

Bis 30 – kein Bonus
30–50 – 1 Bonuspunkt
50–60 – 2 Bonuspunkte
60–70 – 3 Bonuspunkte
70–80 – 4 Bonuspunkte
80+ – 5 Bonuspunkte

Aufgabe 5 – Namen

Bis 30 – kein Bonus
30–50 – 1 Bonuspunkt
50–60 – 2 Bonuspunkte
60–70 – 3 Bonuspunkte
70–80 – 4 Bonuspunkte
80+ – 6 Bonuspunkte

Wie gut bin ich denn jetzt?

Ihre erreichte korrigierte Punktzahl je Aufgabe wissen Sie jetzt. Vergleichen Sie mit folgender Tabelle, wie gut Sie damit abgeschnitten haben:

Aufgabe	unterdurchschnittlich	mäßig	gut	sehr gut	außergewöhnlich gut
Ziffernspanne	Unter 5	5–6	7	8	9 +
Einkaufsliste	Unter 12	12–17	18–22	23–27	28 +
Kreditkarten	Unter 14	14–19	20–24	25–29	30 +
Ungarisch	Unter 7	7–10	11–13	14–16	17 +
Namen	Unter 12	12–16	17–20	21–24	25 +
Langzeitgedächtnis	Unter 11	11–14	15–18	19–24	25 +

Noch mal: Das Ergebnis ist keine wissenschaftliche Diagnose. Dies ist kein normierter Test. Die Aufgaben orientieren sich an typischen Aufgaben aus der Psychologie und Hirnforschung und geben Ihnen ein gutes Gefühl dafür, wo Sie stehen. Außerdem erlauben sie Ihnen später, Ihre Verbesserung zu messen. Nicht mehr, aber auch nicht weniger.

Nicht zufrieden? Es gibt viele mögliche Faktoren, die dafür gesorgt haben könnten, dass Ihr Ergebnis schlechter ist, als wozu Sie eigentlich in der Lage wären. Vielleicht waren Sie abgelenkt? Vielleicht haben Sie letzte Nacht schlecht geschlafen, hatten Hunger oder einfach nur einen schlechten Tag. Sehen Sie Ihr Ergebnis als Motivation. Verbesserung ist immer möglich! Und wenn Ihr Ergebnis jetzt schon klasse war? Herzlichen Glückwunsch!

Sowieso gilt: Das war erst der Anfang. Wenn Sie die Übungen in diesem Buch machen, erreichen Sie mehr Entspannung, eine bessere Konzentrationsfähigkeit und ein besseres Gedächtnis. Dann können Sie in einiger Zeit – nach dem Üben mit den Gedächtnistechniken, die Sie kennenlernen werden – in Kapitel 7 noch einmal mit den gleichen Aufgaben Ihr Gedächtnis testen und Ihre Verbesserung überprüfen. Davon sollte Sie weder ein gutes noch ein schlechtes Startergebnis abhalten.

2 Anleitung für das Gedächtnis

Ich will alles, aber sofort!

Erinnern Sie sich noch an mein Beispiel mit den Fitnessvideos aus dem Vorwort? Oder die Anekdote mit den Sushi-Messern? Sieh mal an, Ihr Gedächtnis funktioniert! Dieses Buch ist ein Trainingsbuch. Sie lernen, Ihr Gehirn anders zu benutzen. Aber das müssen Sie dann auch tun. Das geht nicht von jetzt auf gleich.

Ein gutes Gedächtnis ist keine Kamera, die alles gleich aufzeichnet und exakt abspeichert. Die Gedächtnisforschung zeigt uns klar: Was wir als Menschen langfristig behalten wollen, müssen wir meist mehr als einmal hören oder sehen und verarbeiten. Klar, wenn Ihre Tochter Ihnen erzählt, dass sie schwanger ist, muss sie das nicht fünfmal wiederholen, bis Sie es behalten. Aber das bleibt die Ausnahme.

Häufig höre ich die Behauptung: »Mein Gedächtnis ist echt schlecht!« Dann frage ich manchmal: »Welches Gedächtnis denn genau?« Wir haben nämlich nicht ein Gedächtnis, wir haben mehrere Gedächtnisse. Welche kennen Sie? Am häufigsten höre ich auf diese Frage die Antwort: Kurzzeitgedächtnis, Langzeitgedächtnis, Namensgedächtnis und das »Gedächtnis für nutzlose Informationen«. Letzteres scheint bei den meisten nach eigener Auskunft auffallend gut zu sein. Wissenschaftler haben natürlich eine etwas andere Einteilung.

Gut zu wissen: Gedächtnissysteme

Gedächtnisforscher unterscheiden verschiedene Gedächtnissysteme. Das Kurzzeit- und das Langzeitgedächtnis kennt jeder. Aber kennen Sie auch das Ultrakurzzeitgedächtnis? In der Forschung ist es eher bekannt als »sensorisches Gedächtnis«. Dieses behält seinen Inhalt maximal für wenige Sekunden, meist sogar nur für Sekundenbruchteile. »Kann das noch Gedächtnis sein?«, fragen Sie jetzt vielleicht. Wenn wir die häufigsten Definitionen für Gedächtnis verwenden – etwa »Gedächtnis ist die Fähigkeit eines Nervensystems, Informationen zu behalten und wiederzugeben« –, dann eindeutig ja. In der Definition gibt es schließlich keine Zeitbegrenzung.

Eigentlich müsste es auch hier schon wieder »sensorische Gedächtnisse« heißen, denn wir haben für jeden Sinn ein eigenes sensorisches Gedächtnis. Das fürs Sehen heißt auch *ikonisches Gedächtnis*, das fürs Hören *echoisches Gedächtnis*. Dadurch können Sie etwa wiederholen, was gerade im Radio gesagt wurde, wenn Sie spontan danach gefragt werden, selbst wenn Sie überhaupt nicht zugehört hatten. Weil wir das sensorische Gedächtnis kaum bewusst ansprechen können und es ohnehin um ultrakurze Zeiträume geht, lohnt sich hier kein Training.

Das sieht beim Kurzzeitgedächtnis schon etwas anders aus. Wissen Sie noch, was Sie heute zum Frühstück gegessen haben? Wenn ja, kam das nicht aus dem Kurzzeitgedächtnis. Was die meisten darunter im allgemeinen Sprachgebrauch verstehen, unterscheidet sich von der wissenschaftlichen Einstufung. Insbesondere werden oft die Begriffe und Konzepte Kurzzeitgedächtnis und Arbeitsgedächtnis gleichgesetzt. Damit sind aber sicher nicht alle einverstanden, die unser Gedächtnis erforschen. Es lohnt sich ein Blick auf das Arbeitsgedächtnis. Dieses schaltet enorm schnell, aber die Kapazität ist sehr begrenzt.[7] Der britische Psychologe Alan Baddeley hat schon vor längerer Zeit eine Theorie aufgestellt, wie sich das Arbeitsgedächtnis wiederum in vier Komponenten unterteilt:

- *Räumlich-visueller Notizblock* für die Verarbeitung vor allem der mit den Augen wahrgenommenen Informationen.
- *Phonologische Schleife* für auditive Informationen und Sprache – etwa auch im Stillen gelesene Sprache, die wir nur innerlich mitsprechen.
- *Episodische Puffer,* in dem unterschiedliche Sinneseindrücke und kurze Episoden mit zeitlichem Verlauf aufgenommen werden können.
- *Zentrale Exekutive,* die die Aufmerksamkeit lenkt, weitere kognitive Prozesse anleitet und Inhalte aus dem Langzeitgedächtnis holt.

Das Langzeitgedächtnis ist der Speicher aller Inhalte, die Sie länger als ein paar Minuten behalten haben. Hier passiert vermutlich schon physisch etwas im Gehirn, etwa dass neue Verbindungen gelegt oder vorhandene verändert werden.

Das Langzeitgedächtnis selbst wird auf inhaltlicher Ebene weiter gegliedert. Zunächst in zwei Bereiche: *deklarativ* und *nicht deklarativ.* Das *deklarative Gedächtnis,* auch explizites Gedächtnis genannt, ist zuständig für alle Informationen und Erfahrungen, die wir bewusst abrufen oder an die wir uns erinnern können. Wiederum ein Teil davon sind etwa das *episodische Gedächtnis* für alles, was wir erlebt haben, und das *semantische Gedächtnis* für Dinge wie Fakten und was wir wissen. Zum *nicht deklarativen Gedächtnis* gehört dagegen etwa das *prozedurale Gedächtnis,* das beim Anlernen von Fähigkeiten sehr wichtig ist. Sie haben bestimmt als Kind Fahrradfahren gelernt. Durch Fallen und Wiederaufstehen und viel Üben. Jemanden, der es nicht kann, wörtlich zu erklären, wie Fahrradfahren geht, ist schwierig. Sie wissen nicht einmal, was Sie alles lernen mussten, um etwa das Gleichgewicht zu halten und gleichzeitig zu lenken. Aber irgendwo in Ihrem Gehirn ist es abgespeichert. Trotzdem können wir es kaum in Worte fassen. Daher nicht deklaratives Gedächtnis.

Der Gedächtnisprozess

Wie kommt eine Information ins Gehirn? Und wie sorgt das Gehirn dafür, dass die Information auch aufgenommen wird? Wir nehmen unsere Umgebung über unsere Sinne wahr. Wie viele haben wir eigentlich? Wahrscheinlich sagen Sie sofort: fünf! Aber das stimmt gar nicht. Sehen, hören, riechen, schmecken und fühlen. Klar. Aber auch der Gleichgewichtssinn, Temperaturempfinden und die Wahrnehmung des eigenen Körpers und seiner Bewegung gehören mit dazu.

All diese Sinne liefern unserem Gehirn ständig Informationen. Aber nur das wenigste davon bekommt unsere Aufmerksamkeit. Wir könnten keine einzige Straße sicher überqueren, wenn nicht der Großteil der Sinneswahrnehmungen ausgefiltert würde. Haben Sie gerade Schuhe an? Spüren Sie mal, wo die sitzen. Nur gedanklich, nicht anfassen. Richtige Größe? Bequem? Sind die Schnürsenkel festgezogen oder eher locker? Sie können all das fühlen, wenn Sie Ihre Aufmerksamkeit auf die Füße lenken. Weil Sie die Information dann bewusst haben wollen. Ihre zentrale Exekutive (siehe Box »Gedächtnissysteme«) fragt das an und Sie können diese Wahrnehmung in den Fokus bringen. Meistens aber spüren Sie das nicht. Obwohl die Informationen von den Sinnen permanent angeliefert werden, ist es Ihnen üblicherweise nicht bewusst. Da muss schon etwas passieren. Wenn Ihnen jemand auf den Fuß tritt oder Sie ein nerviges Steinchen unter der Fußsohle im Schuh haben, wird Ihnen das bewusst.

Worauf Ihre Aufmerksamkeit fällt, landet im Arbeitsgedächtnis. Das haben Sie im ersten Kapitel etwa durch die Ziffernspanne getestet. Sie haben auch gelesen, dass schon sieben Ziffern eine gute Leistung sind. Das zeigt, wie begrenzt der Platz im Arbeitsgedächtnis ist. Schnell wird klar, dass das Arbeitsgedächtnis als Flaschenhals stark begrenzt, was überhaupt ins Langzeitgedächtnis kommt. Denn um Langzeitgedächtnis überhaupt bilden zu können, muss die neue Information erst mal durch das Arbeitsgedächtnis. Falls Sie sich das jetzt als Förderband für Daten vorstellen, ist dies zu verkürzt. Es werden nicht wirklich Informationen durch das Gehirn bewegt. Sofort beim Aufnehmen werden auch schon im Langzeitgedächtnis vorhandene Verbindungen aktiviert. Das, was Sie alles schon wissen, ermöglicht Ihnen ja überhaupt erst, Neues einzuordnen. Das sind frühere Erfahrungen und auch die schon im Vorwort erwähnten Schemas, allgemeine Konzepte, mit denen verglichen wird. Leider passiert das nicht immer in gleichem Maße. Ein Name, ein Passwort, wichtige Fakten oder das Versammlungsprotokoll aktivieren von sich aus sehr wenig im Langzeitgedächtnis. Umso schwieriger wird es für das Arbeitsgedächtnis, es läuft voll und wir fühlen uns dann überfordert und gestresst. Lernen klappt dann erst recht nicht mehr und das frustriert.

Wer schon viel über Dinosaurier weiß, der muss von einer neu entdeckten Art nur kurz etwas lesen und wird sich fast alles zu diesem Exemplar merken können – ohne Mühe. Wie der Dino aussah und auch, wie er hieß. Während ich diese Zeilen für Sie schreibe, gilt derzeit der »Ubirajara jubatus« als zuletzt entdeckter Dino. Ein schwieriger Name, der wohl nur bei großen Dino-Fans sofort hängen bleibt, weil diese schon passende Netzwerke im Langzeitgedächtnis für diese Information haben.

Aber was passiert, wenn ich Ihnen diesen Dino wie folgt beschreibe: Er hat den Kopf eines Pinguins, die Füße wie ein Känguru, die Zehen wie ein Hühnchen und der Schwanz ähnelt dem eines Wiesels. Auch wenn Sie eigentlich immer noch nichts von diesem Dino wissen, haben Sie jetzt ein Bild im Kopf. Ihr Gehirn kennt Pinguine, Kängurus, Hühner und Wiesel und kann das sofort neu kombinieren. Damit ist auch das neue Bild gleich im Langzeitgedächtnis und die Wahrscheinlichkeit ist deutlich höher, dass Sie sich auch noch einige Zeit später daran erinnern können als bis vor wenigen Zeilen.

Was ist dann mit dem Namen? Den haben Sie sich nicht gemerkt, richtig? Ubirajara jubatus. Stellen Sie sich einmal vor, Sie haben gerade im Baumarkt Obi eine Ratsche gekauft, die – haha – lustig beklebt ist mit dem Bild von einem bunten Ara. Um nach Hause zu fahren, rufen Sie ein Uber-Taxi (Uber klingt wie Juba). Ein sehr skurriles Bild, aber wieder eine Verkettung von Dingen, die Sie schon kennen. An diese unwirkliche Szene können Sie sich gut erinnern. Und darüber nun auch den Namen des Dinos entschlüsseln: Obi > Ubi, Ratsche > Raj, Ara > Ara, Uber>Juba. Ubirajara jubatus.

Kurz zusammengefasst: Wir können direkt ins Langzeitgedächtnis lernen, wenn wir neue und unbekannte Sachen verbinden mit Bildern, Worten und Konzepten, die wir schon gut kennen. Dann lernen wir nicht nur langfristiger, sondern auch viel leichter, entspannter und mit mehr Freude. Die Gedächtnistechniken, die ich Ihnen in den nächsten Kapiteln vorstellen werde, basieren alle auf dieser Idee. Diese sorgen so dafür, dass Sie in Zukunft alles, was Sie behalten möchten, auf sehr viel bessere Art und Weise aufnehmen können als bisher.

Das heißt übrigens nicht, dass wir das Arbeitsgedächtnis dabei ausschalten. Beim Formen neuer Verbindungen wird es immer noch gebraucht, da wir ja bewusst vorgehen. Auch was wir schon wissen, kommt wieder ins Arbeitsgedächtnis, wenn wir uns daran erinnern. Nur so kann es dann mit Neuem verbunden werden. Das macht die vorhandene Information für diese kurzen Momente auch veränderbar und verletzlich,[8] wenn sie anschließend neu verarbeitet wird (das wird in der Fachsprache dann *Rekonsolidierung* genannt). Dies kann in manchen Fällen auch schiefgehen oder zu Fehler führen, wenn die Veränderung nicht stimmte oder nicht gut verarbeitet wird. Insbesondere in sehr stressigen Momenten kann das passieren, wenn unser Gehirn nicht mehr hinterherkommt, alles zu verarbeiten. Das ist gut zu wissen, weil wir ja gerade mehr Ruhe und weniger Stress haben wollen. Machen Sie vorhandene Erinnerungen nicht anfällig für Fehler, indem Sie diese in stressigen Momenten aktivieren, ohne dass diese anschließend wieder neu verarbeitet werden können.

Konkret: Mit der Einkaufstasche in der einen Hand, dem kleinen Kind an der anderen Hand und dem Autoschlüssel im Mund *eben schnell* noch das Telefonat via Bluetooth-Kopfhörer annehmen, um einem Teammitglied von der Arbeit zu sagen, wie etwas zu erledigen ist, kann dazu führen, dass Sie hinterher selbst nicht wissen, wie es geht. Oder dazu, dass Sie automatisch gestresst reagieren, wenn Sie in der Arbeit beim nächsten Mal eigentlich in Ruhe diese Aufgabe wieder selbst erledigen könnten.

Diese Fragilität durch Reaktivierung von Erinnerungen können wir uns aber auch zunutze machen. Müssen Sie eine Information korrigieren, weil diese nicht mehr stimmt? Aktivieren Sie dann die veraltete Erinnerung, indem Sie sich bewusst an diese erinnern und verbinden Sie diese mit der korrigierten, neuen Information. Ein Beispiel: Ihr Kind bekommt eine neue Musiklehrerin. Sie heißt Frau Hahn. Anstatt sich diesen neuen Namen lose zu merken, sollten Sie denken: »Wie hieß seine bisherige Musiklehrerin doch gleich? Frau Schröder. Statt Frau Schröder, jetzt also Frau Hahn.« Auf diese Art ist die Gefahr, dass Sie die Namen verwechseln, gleich geringer, weil alte und neue Angabe miteinander verbunden sind.

Etwas bewusst zu vergessen, wie vielleicht den nicht mehr relevanten Namen der ehemaligen Lehrerin, klappt dagegen nicht so leicht. Auf jeden Fall nicht schnell. Neue Verbindungen legen geht, zielgerichtet Verbindungen aufheben nicht. Das Aktivieren macht diese zwar anfälliger für Veränderungen, aber zerstört sie nicht. Das ist auch der Grund, warum etwa kognitive Verhaltenstherapie nicht das Ziel hat, traumatische Erinnerungen zu vergessen. Ziel ist stattdessen, neue Verbindungen zu schaffen, um zu heftige oder unangepasste emotionale Reaktionen zu verhindern. Auch alternative Therapien wie EMDR (Eye Movement Desensitization and Reprocessing) haben ähnliche Ziele. Hierbei wird etwa die traumatische Erinnerung im Langzeitgedächtnis reaktiviert. Gleichzeitig wird das Arbeitsgedächtnis durch Fingerbewegungen der Therapeutin abgelenkt. Hierdurch wird das Wiederverarbeiten gestört und die traumatische Erinnerung danach als weniger belastend wahrgenommen.

Dies ist zumindest die aus Sicht der meisten Gedächtnisforscher plausibelste Erklärung. Ursprüngliche Vermutungen, dass die Fingerbewegungen etwa Gehirnhälften synchronisieren, sind widerlegt. Es geht sogar ohne Fingerbewegung, wenn das Arbeitsgedächtnis entsprechend vergleichbar belastet ist.[9]

Ab wann ist es Langzeitgedächtnis?

Alles, was länger als einige Minuten behalten wird, ist im Langzeitgedächtnis. Leider bedeutet das nicht, dass es für immer gewusst wird.

Als Gedächtniskonsolidierung werden die Vorgänge bezeichnet, die im Gehirn zwischen Lernen und Wiedergeben passieren. Diese Konsolidierungsprozesse laufen also unbewusst ab. Zu großen Teilen auch im Schlaf. Der Körper ruht, aber das Gehirn bleibt aktiv. Heinzelmännchen, die nachts die Wohnung aufräumen, gibt es nur im Märchen. Aber das Gehirn wird sehr wohl nachts für uns aufgeräumt! Eine der wichtigen Funktionen des Schlafes ist es, neue Gedächtnisinhalte in Ordnung zu bringen.[10] Ohne neue Sinneseindrücke und ohne Ablenkung vom Bewusstsein laufen Prozesse ab, die neue Erfahrungen weiter vergleichen, einordnen und als nicht nötig empfundene Details »rausschmeißen«. Das eine darf ins Langzeitgedächtnis, das andere wird vergessen. Von dem, was bleiben darf, werden im Schlaf die zugehörigen Verbindungen in der gleichen Abfolge reaktiviert, so die gängige Interpretation in der Forschung.[11]

Da Sie dabei schlafen, können Sie nicht bewusst eingreifen und sagen: »Moment! Der Liedertext vom 27. Laternenlied muss wirklich nicht bleiben, schon gar nicht in Dauerschleife, aber hey, der Name der neuen Kollegin, den bitte hier noch mal abspielen!« Sie können aber *doch* auch bewusst Einfluss nehmen. Durch das, was Sie vorab im Wachen tun. Wie genau diese Prioritätenliste für das Wiederholen im Schlaf gebildet wird, wissen wir noch nicht. Emotionen spielen eine wichtige Rolle, empfundene Wichtigkeit, zeitliche Abfolge – vor allem aber auch, ob es im Tagesverlauf mehrfach vorkam, vor allem, ob Sie es sich selbst noch mal in Erinnerung gerufen haben (es also noch mal ins Arbeitsgedächtnis kam). Und genau hierauf haben Sie natürlich großen Einfluss. Großartige Nachrichten! Das können Sie aktiv ausnutzen!

Ich höre Sie schon flüstern: »Gute Nachrichten? Wieso sind das gute Nachrichten? Ich will doch gerade weniger Stress haben, weniger tun müssen, um mir Dinge zu merken. Darum habe ich dieses Buch gekauft! Und jetzt ist der Tipp, mehr zu wiederholen? Im Ernst?«

Ja, im Ernst! Und ja, Sie haben recht. Sie müssen es wiederholen. Aber trotzdem sind das gute Nachrichten: Wenn Sie wissen, wie, ist es sehr viel weniger Arbeit, als Sie denken. Und Sie erhalten die Entscheidungsbefugnis, was bleiben darf. Statt auf gut Glück zu hoffen, dass das Gehirn schon im Schlaf das Richtige wiederspielen wird, entscheiden Sie. Am Ende ist es dann auch viel weniger Arbeit, ein paarmal schlau zu wiederholen und nie mehr zu vergessen, als immer und immer wieder neu zu lernen und dann frustriert zu sein, wenn es schon wieder nicht im Gedächtnis geblieben ist.

Gedächtnisblitz: Besser behalten, was Sie lesen (auch in diesem Buch)

Wie Sie Dinge auf schlaue Art wiederholen, um sie langfristig zu behalten, wird in diesem Buch immer wieder Thema sein. Bevor Sie weiterlesen, beantworten Sie sich bitte folgende drei Fragen:

Was haben Sie dazu gerade gelesen? Warum ist schlaues Wiederholen so wichtig? Welches Gedächtnis ist gefragt, damit Sie diese Antwort jetzt finden und formulieren können?

Merken Sie schon, was ich gerade mit Ihnen mache? Was Sie vor allem in Zukunft auch selbst tun sollten, immer wenn Sie etwas lesen und sich das Gelesene auch merken möchten? Genau: Fragen Sie sich immer wieder mal zwischendrin selbst ab. Wenn ein Kapitel vorbei ist, tun Sie das, bevor Sie weiterlesen. Bevor Sie den nächsten Artikel in einem Fachmagazin beginnen. Vor dem Klick auf den nächsten Link. Was habe ich da gerade eigentlich gelesen? Was war daran interessant? Sie brauchen keine Stelle markieren und sich auch nichts aufschreiben. Fragen Sie sich einfach eben »im Kopf« und antworten sich selbst kurz und knapp. Diese aktive Art zu wiederholen geht sehr schnell. Dadurch, dass Sie es machen, wird im Gehirn bildlich gesprochen ein Haken gesetzt: »Achtung! Wichtig! Behalten! Heute Nacht noch mal abspielen!« Im Schlaf weiß das Gehirn dann, dass die so »markierten« Inhalte beim Wiederholen und Eingliedern ins Langzeitgedächtnis eine höhere Priorität bekommen.

Wie oft Sie das Lesen für das eigene Abfragen unterbrechen, kommt auf den Inhalt an und was für Texte es sind. In einem Buch wie diesem ist nach jedem Unterkapitel oder einer Wissensbox ein guter Moment. Bei Magazinen, Zeitungen oder Onlinenachrichten jeweils nach einem Artikel. In Fachbüchern oder -zeitschriften je nach Komplexität, aber auch öfter, gegebenenfalls absatzweise. Neben der Schwierigkeit der Texte hängt es auch von Ihrem Vorwissen ab: Ich persönlich sollte für Artikel über Nähtechniken oder Motorräder jeweils häufiger unterbrechen, weil bei mir da wenig Vorwissen vorhanden ist. Es kann aber gut sein, dass das bei Ihnen anders aussieht, weil Sie häufig etwas zu diesen Themen lesen.

Fragen Sie sich jetzt bitte, bevor Sie weiterlesen: Welche Tipps gab es in diesem Gedächtnisblitz?

Stell dir vor

Ich finde es klasse, wenn ich als Experte um ein Interview gebeten werde, und sage meistens zu. So kann ich Wissen über Gedächtnistechnik mit vielen Menschen teilen. Bestimmt einmal pro Woche darf ich mit einem Radioprogramm irgendwo auf der Welt telefonieren, um etwas zum Gedächtnis zu erzählen und ein paar Tipps zu geben. Meistens sind für das ganze Gespräch nur drei bis fünf Minuten vorgesehen. Mit Hallo, »Herr Konrad, wissen Sie meinen Namen noch?«-Witz des Moderators und Tschüss bleibt sehr wenig Zeit, Inhalte zu bringen. Mein Ziel ist, so gut wie möglich Interesse zu wecken bei den Zuhörenden, sodass diese motiviert werden, selbst weiterzusuchen, was es zu dem Thema gibt. Aber einen Gedanken versuche ich immer mitzugeben: Stell dir vor!

»Stell dir vor!« – Mit diesem Satz beginnen spannende Geschichten, überraschende Gedankenexperimente oder unglaubwürdige Ausreden. »Stellen Sie sich vor, Frau Lehrerin! Unser Goldfisch hat aus Versehen Schokolade gefressen und ich musste ihn zur Tierambulanz bringen, nur daher bin ich zu spät.«

Diese Einleitung öffnet die Pforte unseres Vorstellungsvermögens und Langzeitgedächtnisses. Bilder und Ideen werden angeregt und erzeugt. »Vor dem inneren Auge sehen«, »vor sich sehen«, »Bilder im Kopf«, »vor dem geistigen Auge«. Andere Ausdrücke für »sich etwas vorstellen« haben oft einen Bezug zum Sehen. Auch wer das Gefühl hat, nicht gut visualisieren zu können, also ein schwaches Vorstellungsvermögen hat, denkt sehr wohl daran, wie es aussehen sollte, auch wenn weniger Bilder im Kopf entstehen.

Was diese Ausdrücke auch deutlich machen, ist, dass wir uns etwas vorstellen können, es vor uns sehen können, was nicht wirklich da ist oder auch gar nicht existiert. Wir Menschen können das offensichtlich richtig gut. Kinder oft sogar noch besser als Erwachsene, aber jeder kann es im Prinzip. Stellen Sie sich jetzt bitte vor, Ihre beste Freundin steht vor Ihnen. Sofort haben Sie ein Bild. Es unterscheidet sich, wie deutlich das ist. Die eine sieht ein gestochen scharfes Bild vor sich, der andere eher vage. Im Extremfall ist nur der Gedanke da, an die Freundin zu denken, ohne irgendwas zu sehen. Aber alle können das Bild auch anpassen: Stellen Sie sich jetzt bitte weiter Ihre beste Freundin vor. Aber diesmal sitzt diese auf einer riesigen rosa Kuh mit Flügeln und fliegt über London.

Total absurd! Aber trotzdem können Sie es sich vorstellen. Wehren Sie es nicht ab, lassen Sie sich drauf ein, umso ausgeprägter und lustiger wird das Bild. Um sich dieses Bild vorzustellen, mussten Sie einiges in Ihrem Langzeitgedächtnis aktivieren: Die Erinnerung an die gewählte Freundin, wie eine Kuh aussieht, die Farbe Rosa, Bilder von fliegenden Tieren oder Dingen. Vermutlich haben Sie nicht lange nachdenken müssen, was für Flügel das sind. Eher die von einem Schwan, einem Geier oder doch von einer Boing 747? Ihr Gehirn hat das gleich für Sie entschieden.

Das alles haben Sie kombiniert zu einem neuen Bild im Kopf, wodurch auch neue Verbindungen erzeugt wurden. Zeitgleiche Aktivität führt zu neuen Verbindungen. Unser Gehirn lernt und arbeitet in Verbindungen, es ist dafür gemacht, Erinnerungen mit Neuem zu koppeln, sich etwas auszudenken, und wenn es kreativ wird, macht es uns (meistens) Spaß, weil es dem Gehirn gefällt. Stell dir vor!

Das Visuelle dominiert hier. Wir können uns aber natürlich auch Geräusche, Gerüche oder einen Geschmack vorstellen, ebenso Emotionen und Empfindungen. Stellen Sie sich jetzt bitte vor, vor Ihnen sitzt ein kleiner, niedlicher Hund und den finden Sie richtig süß. Plötzlich wird der Hund aggressiv, springt auf und fletscht die Zähne. Das ist nicht mehr so niedlich. Sie haben trotzdem den gleichen Hund gesehen, vermutlich keinen spezifischen, den Sie kennen, sondern eher allgemein. Ihr Gehirn kann dieses Bild kreieren und verändern und so Emotionen auslösen, die dann sehr wohl real sind.

Gut zu wissen: Aphantasia

Menschen, die gar keine Bilder im Kopf sehen, haben Aphantasia. Das ist eine seltene Abweichung, bei der betroffene Menschen nicht visualisieren können, also kein bildhaftes Vorstellungsvermögen[12] haben. Sie können sehr wohl an Bilder denken, haben meistens auch bildhafte Träume, aber sehen bei Aufforderung kein Bild vor sich. Bei obigem Beispiel wissen sie dann, dass sie an eine Kuh mit rosa Flügeln denken, sehen aber gar nichts vor sich. Die neuronalen Grundlagen werden noch erforscht. Es gibt Einzelfälle, bei der Patienten durch Unfälle Schäden am Gehirn erlitten haben, die zu Aphantasia führten. Bei der Verwendung von Gedächtnistechniken dagegen war es in unseren Studien nicht relevant, wie gut sich jemand etwas vorstellen kann. Das lässt sich nicht objektiv messen, sodass es mit subjektiven Fragebögen erhoben wird. Aber auch diejenigen, die hier sehr wenig visuelles Vorstellungsvermögen in der Selbsteinschätzung angaben, konnten von Gedächtnistechniken, die mit Vorstellungen arbeiten, sehr stark profitieren!

Wenn wir unser Gedächtnis bewusst kontrollieren wollen, dann sollten wir unser Vorstellungsvermögen ansprechen. Wir wählen gezielt die Bilder, Geräusche und Emotionen aus, die wir brauchen. Und so entscheiden wir, was wir in unser Langzeitgedächtnis lassen.

Wenn Sie etwas vergessen haben, was Sie eigentlich behalten wollten, ist die Wahrscheinlichkeit groß, dass in einem der beiden Schritte etwas schiefgelaufen ist:

- Es gab zu wenig Aufmerksamkeit.
- Oder die Information war kein Bild, hat keine Vorstellung erzeugt.

Es sind dann keine oder zu wenige Verbindungen im Langzeitgedächtnis aktiviert worden und so konnten auch keine neuen entstehen. Wenn Sie aber beide Schritte bewusst ausführen, legen Sie selbst diese Verbindungen an und erzeugen einen festen Ort im Gedächtnis, an welchem Sie die Information wiederfinden können, wenn Sie diese benötigen.

Gut zu wissen: Das Gedächtnis in den Verbindungen

Wir lieben Metaphern. Wir vergleichen mit dem, was wir schon kennen. Wenn wir Worte wie Arbeitsgedächtnis oder Langzeitgedächtnis lesen, denken wir auch an den Computer. Der hat ebenfalls einen Arbeitsspeicher und einen Langzeitspeicher (die Festplatte). Dann sind wir geneigt zu denken, irgendwie so wird unser Gehirn wohl auch funktionieren. Aber das stimmt nicht. Im Gegenteil. Anders als der Computer speichern wir nichts exakt ab. Das episodische Gedächtnis für unsere Erlebnisse ist kein gigantischer Sammelplatz für Videofragmente und Fotos. Erinnerungen haben auch keinen festen Ort im Gehirn. Auf der Festplatte ist klar, an welcher Stelle eine Datei liegt. Im Gehirn gibt es keine solche Stelle. Daher können Sie auch keine Gedanken oder Erinnerungen kopieren oder löschen.

Unser Gehirn ist immer an. Auch während wir schlafen. Das Gehirn verarbeitet Tag und Nacht den Input der Sinne, aber auch, was schon drin ist. Die Verbindungen und Netzwerke im Gehirn ändern sich permanent. Das bedeutet auch, dass wir immer lernen. Denn lernen ist die Veränderung im Gehirn. Zwischen bestehenden Nervenzellen im Gehirn (Neuronen) entstehen neue Verbindungen (Synapsen). Wir haben bis zu 100 Milliarden Neuronen und jedes Neuron kann mit Tausenden anderen verbunden sein.

Eine Erinnerung ist aber nicht an einzelne Neuronen oder Synapsen gebunden. Besser verstehen können wir eine Erinnerung als ein Set alter und neuer Verbindungen, die zusammen oder in gewisser zeitlicher Abfolge aktiv werden. Das wird auch *Engramm* genannt, eine Gedächtnisspur. Hier geht es immer noch nicht um einzelne physische Verbindungen, sondern um das Zusammenspiel von Aktivierungen dieser Verbindungen. Eine einzelne Verbindung – und erst recht einzelne Nervenzellen – sind an etlichen Engrammen oder Erinnerungen beteiligt.

Wir verlieren auch solche Verbindungen. Ständig. Sehr viele sogar und das ist ganz normal und gut so. Das Gehirn ist deshalb so gut darin, zu reagieren, weil es nur behält, was nötig ist. Erst das Vergessen macht es so effizient.

Drei Situationen, die alle kennen (und wie wir sie lösen)

Folgende drei Situationen kennen Sie, da bin ich mir sicher. Momente, die uns irritieren und verärgern. Momente, die uns Zeit kosten und Stress erzeugen. Momente, die Sie durch bewusstes Erzeugen intelligenter Verbindungen im Gehirn in Zukunft vermeiden können.

1. Vergessen Sie nie wieder, wo das Auto geparkt ist

Kommt Ihnen das bekannt vor? Sie kommen aus dem Urlaub zurück, am Flughafen oder am Bahnhof, und sind herrlich entspannt. Jetzt noch schnell ins Parkhaus zum Auto und dann ab nach Hause. Aber schon in der Eingangshalle der erste Schreck: Wo habe ich die Autoschlüssel gelassen? Zum Glück erinnern Sie sich, klar, die habe ich ja ganz bewusst ins Geheimfach vom Koffer getan. Und ja, da sind die Schlüssel auch schon. Aber ... wo steht jetzt das Auto? »Warte, hab ich aufgeschrieben!« Aber der Zettel ist weg. »Ich muss mich doch erinnern können? Wir waren im P4, drittes Stockwerk, fünfte Reihe, oder nicht? War es etwa doch Parkhaus 3 im fünften Stockwerk in der vierten Reihe?« Wenn Sie eine halbe Stunde später das Auto endlich wiedergefunden haben, sind Sie so gestresst, dass ein Urlaub jetzt ganz gut täte ...

Das ist zugegeben die Extremvariante, aber ich beobachte tatsächlich immer wieder, etwa am Flughafen Düsseldorf, wo ich öfter stehe, dass sich die Leute schon am Parkhauseingang streiten, weil keiner mehr weiß, ob das überhaupt das richtige Parkhaus ist, geschweige denn welche Etage es war.

Diese Stressmomente können für Sie zukünftig der Vergangenheit angehören, denn Ihnen wird das nicht mehr passieren. Die Schritte dahin scheinen sehr simpel, weil sie es sind. Und doch ist der Erfolg riesig!

- **Schritt 1**: Richten Sie Ihre Aufmerksamkeit nach dem Aussteigen auf den Stellplatz. Auch wenn Sie schon zu spät sind und das Konzert schon angefangen hat: Die fünf Sekunden, in denen Sie sich selbst bewusst werden, wo das Auto steht, sind es immer wert.
- **Schritt 2**: Sprechen Sie zu sich selbst laut: »Wir stehen in Block C, Reihe 5 an der Straßenseite.« Sagen Sie lieber nicht: »Wir stehen neben dem grünen Bus.« Weil Sie ja nicht wissen, wie viele grüne Busse auf dem Parkplatz noch so rumstehen oder ob dieser noch da ist, wenn Sie später wieder wegwollen.
- **Schritt 3**: Der Aufmerksamkeit lassen Sie ein Bild folgen. Stell dir vor! Aus Buchstaben werden Bilder, etwa wie im Tieralphabet im Kinderbuch. Block C? Chamäleon. Für die Ziffern lernen Sie später noch bessere Techniken, aber ein einfacher Weg ist, sich etwas Logisches vorzustellen. Zum Beispiel hat die Hand fünf Finger.
- **Schritt 4**: Die Bilder sollten Sie jetzt noch miteinander verbinden. Sinnvollerweise in einem Bild, das mit Ihrem Auto zu tun hat. Für Block C, Reihe 5 nehmen wir also ein Chamäleon mit großer Hand mit menschlichen Fingern, das oben auf Ihrem Auto sitzt und winkt.

Noch ein Beispiel: Sie parken Ihren Wagen im gelben Stockwerk, in Reihe B auf Platz 99. Dann stellen Sie sich vor: Ein gelber Bär (für B) steht mit 99 Luftballons (weil Sie bei 99 an das Lied von Nena denken) neben Ihrem Auto und bewacht es, bis Sie wieder da sind.

Das scheint erst mal viel mehr zu sein, was Sie sich merken müssen. Stellen Sie sich vor, Sie parken im Einkaufszentrum vor dem Spielzeugladen, wo genau so ein gelber Bär mit Luftballons steht. Natürlich wissen Sie später ganz genau, wo Sie stehen. Gibt es den Bären gar nicht, aber Sie stellen sich das Bild trotzdem vor, um sich den Parkplatz im Parkhaus oder am Stadion zu merken, funktioniert das für Ihr Gehirn ebenso gut.

2. Vergessen Sie nicht mehr, was Sie im anderen Zimmer erledigen wollten

Kommt Ihnen auch diese Situation bekannt vor? Sie stehen im Keller und haben nicht die leiseste Ahnung, was Sie hier wollten ... Daher gehen Sie wieder nach oben und erleben wahrscheinlich einen »Ach ja ...«-Moment, sobald Sie oben stehen und jetzt wieder wissen, was Sie unten wollten. Nervig, stimmt's? Das können Sie leicht verhindern, indem Sie sich beim nächsten Mal bewusst aufsagen, warum Sie jetzt Richtung Keller gehen. »Ich gehe jetzt in den Keller, um den leeren Wäschekorb zu holen!« So einfach kann es sein. Und wenn es dann doch mal vorkommt, dass Sie unten stehen, gibt es eine Lösung, nicht erst wieder nach oben laufen zu müssen: Sie schließen die Augen und gehen rein gedanklich den Weg dahin zurück, wo Sie gerade losgelaufen sind. Die Wahrscheinlichkeit ist groß, dass auch jetzt der »Ach ja ...«-Moment einsetzt, wenn Sie gedanklich am Ausgangspunkt sind, auch wenn Sie tatsächlich noch im Keller stehen.

Das Ganze kann natürlich auch in nicht unterkellerten Gebäuden passieren und gilt für alle Räume entsprechend. Nach meiner Erfahrung aus Seminaren scheint aber insbesondere der Keller der häufigste Ort zu sein, wo das passiert. Vermutlich, weil der Keller einen deutlich anderen Kontext liefert, was unser Gehirn als ein Zeichen wahrnimmt, dass hier andere Dinge wichtig sind. Je nachdem, welche Leichen im Keller versteckt sind (metaphorisch, hoffe ich), übernehmen vielleicht auch

Schuldgefühle und »Ach ja, das muss ja auch noch alles …«-Gedanken den kostbaren Platz im Arbeitsgedächtnis und verdrängen, was da gerade noch drin war.

3. Vergessen Sie Ihre Ideen nicht mehr

Möglicherweise erkennen Sie sich auch hierin wieder: Sie werden morgens wach, haben gut geschlafen, was Schönes geträumt und fühlen sich gut ausgeruht. Bis Ihnen einfällt: »Kurz vorm Einschlafen, da dachte ich doch noch, morgen früh darf ich nicht vergessen, dass ..., dass …, dass …« Anschließend sitzen Sie im Bett und ärgern sich über Ihr Gedächtnis und grübeln, um was es ging, noch bevor der Tag überhaupt begonnen hat. Ihnen fällt nicht mehr ein, was es war, das Sie nicht vergessen wollten. Nur, dass da was war, das ist klar.

Die Situation wird dann auch nicht besser, wenn Sie später beim Frühstück draußen den Müllwagen piepsend wegfahren hören und jetzt wieder wissen: »Ach ja, heute ist Restmüll, ich wollte die übervolle Mülltonne an die Straße stellen!« Auch dieser Herausforderung können Sie mit »Stell dir vor« und gelenkter Aufmerksamkeit begegnen und so der einen oder anderen unnötigen Frustration zuvorkommen. Der gleiche Tipp hilft auch, wenn Ihnen etwa beim Joggen, Radfahren oder im Auto gute Ideen kommen, die Sie genau in dem Moment nicht aufschreiben können, aber gerne behalten wollen.

Schritt 1 ist auch hier wieder: Denken Sie sehr bewusst: »Diese Idee will ich mir merken, aber ohne, dass es mich belastet.« Und probieren Sie dann wiederum – Stell dir vor! –, etwas vor sich zu sehen. Gerne so übertrieben und lustig wie möglich. Das Bild verbinden Sie mit einem Ort. Später lernen Sie noch alles über den Gedächtnispalast. Den können Sie hierfür perfekt verwenden. Aber für eine schnelle Lösung reicht es auch, das Bild gedanklich an einem Ort zu platzieren, an dem Sie mit Sicherheit sein werden oder vorbeikommen, wenn Sie später die Aufgabe erledigen müssen, oder wo Sie die Gelegenheit haben werden, sich dann doch Notizen zu machen.

Einige Beispiele:

- Abends beim Zubettgehen denken Sie, dass Sie morgen die Mitbringsel für Ihren Sohn in die Kita mitnehmen müssen, wenn Sie ihn dort hinbringen. Stellen Sie sich dann vor, wie Sie über einen riesigen Berg Brownies klettern müssen, um aus dem Schlafzimmer zu kommen, oder wie der Kinderrucksack des Sohnes mit Obstspießen überquillt.
- Morgens fahren Sie mit dem Fahrrad zur Arbeit. Beim Tagträumen, was heute alles auf der Agenda steht, kommt Ihnen eine gute Idee, wie ein Problem in der Arbeit gelöst werden kann. Diese wollen Sie später mit Ihrer Kollegin Lisa teilen, die mit Ihnen an diesem Projekt arbeitet. Nur, dass Sie unterwegs auch noch an 20 andere Sachen denken werden und vier Autotüren ausweichen müssen, sodass die Gefahr groß ist, dass Sie nach dem Anketten des Fahrrads nicht mehr daran denken. Stellen Sie sich daher gleich, wenn Ihnen die Idee kommt, vor, wie Sie Ihr Fahrrad am Fahrradständer vor dem Firmengebäude anschließen werden, aber dass das nicht geht, weil Lisa auftaucht und Ihnen einen Streich spielt und die Schlüssel wegnimmt. Wenn Sie nun ankommen und am Fahrradständer sind, ist es nahezu sicher, dass Sie denken, ach ja, jetzt als Erstes Lisa informieren!
- Noch ein Beispiel. Sie fahren im Auto, denken zufällig daran, dass nächste Woche Ihr Cousin Stefan Geburtstag hat und das Buch *Mehr Platz im Gehirn* ein tolles Geschenk sein könnte, das ihm Spaß machen wird. Dann stellen Sie sich vor, wie Stefan seinen Kopf öffnet und statt Gehirn sehr viel Platz im Kopf ist. Lächerlich? Na klar! Gut so! Lachen hilft!

Eine kleine extra Hilfe nötig? Externe Hilfsmittel sind natürlich in Ordnung und wir dürfen uns gerne damit helfen. Nicht alles müssen Sie aber gleich im Handy abspeichern und nicht immer ist das möglich. Werfen Sie abends noch Ihre Socken vor die Zimmertür. Wenn Sie morgens drübersteigen und sich fragen: »Warum liegen die Socken hier?«, wissen Sie sofort: Ach ja, das sind doch eigentlich die Brownieberge – und packen die dann als Erstes ein.

Nachdem Sie sich auf dem Fahrrad das Bild mit Lisa gemacht haben, stecken Sie die Schlüssel von der einen Hosentasche, wo sie immer sind, in die andere Tasche. Wenn Sie nun am Fahrradständer nicht schon längst durch das Bild an Lisa gedacht haben, wird Ihnen spätestens dann klar, wenn Sie in die gewohnte Tasche fassen und die Schlüssel nicht da sind: Ach ja, die hat Lisa versteckt. Und was den Geburtstag Ihres Cousins Stefan betrifft: Im Auto stellen Sie das Navi auf den Stephansplatz als zweites Ziel hinter Ihrem tatsächlichen. Bei der Ankunft werden Sie wissen, was Sie noch für Stefan erledigen wollten.

Wenn Sie sich diese Art zu denken zunehmend zu eigen machen und öfter einsetzen, können Sie auch viele andere kleine Gedächtnisherausforderungen problemlos und stressfrei umgehen beziehungsweise selbst lösen. Ihr Mindset verändert sich! Statt »O je! Ob ich mir das alles merken kann?«, wird es: »Klasse! Wie merke ich mir das jetzt? Das wird bestimmt wieder lustig!«. Das Ob ist dann keine Frage mehr. Damit reduzieren Sie viel Stress und Anspannung.

Schlüssel für Ihr Gedächtnis

Das »Stell dir vor«-Prinzip ist auch die Grundlage für ein echtes Gedächtnissystem. Die Schlüsselwortmethode ist der erste Schritt dorthin. Den Namen dieser Technik könnten Sie am ehesten schon einmal im Zusammenhang mit Vokabeln merken beim Lernen einer Fremdsprache gehört haben.

Stell dir vor, du trägst eine Schale, in dieser liegt ein Ball. Du stellst sie auf einen Tisch, auf dem eine Tabelle liegt. Daneben steht noch eine Tasse Tee. Der riecht aber komisch, iiih, daraufhin legst du deine Kappe über die Tasse.

Dieses Beispiel verwende ich gerne, wenn ich für jüngere Kinder oder deren Eltern sprechen darf, etwa wenn ich an einer Grundschule zu einem Vortrag eingeladen bin. Mit diesen drei Zeilen werden nämlich vier englische Vokabeln gelernt. Was war in der Schale? Ein Ball. Schale = Bowl. Was liegt auf dem Tisch? Eine Tabelle. Tisch = Table. Womit verdeckst du die Tasse? Mit einer Kappe. Tasse = cup (sprich: Kapp). Und wie war der Tee? Iiihhh … Für Tea (sprich: Tie).

Die deutschen Worte, die uns an die englischen erinnern, werden Schlüsselworte genannt. Schlüsselworte bilden eine Strategie, um Dinge zu lernen und ins Langzeitgedächtnis zu bekommen. Sie ähneln dem, was wir Eselsbrücken nennen. Sie sind aber viel mehr. Eben eine Methode. Sie heißt so, weil die Schlüsselworte unser Bildgedächtnis »aufschließen«. Das ist auch der Grund, warum all diejenigen falsch liegen, die denken, mit den Gedächtnistechniken könne man nur die Reihenfolge von Spielkarten oder Ziffern auswendig lernen oder maximal noch eine Einkaufsliste. Falsch. Ob beim Lernen einer neuen Sprache oder der Inhalte ganzer Studiengänge: Es kommt nur auf die richtigen Schlüssel an!

Gut zu wissen: *Neural Efficiency*: Gedächtnischampions brauchen weniger Energie beim Lernen!

In meinen wissenschaftlichen Studien durfte ich mir einige Gehirne von Gedächtnissportlern ansehen. Keine Sorge, das geht heutzutage völlig unblutig. Mit Hilfe des Magnetresonanztomografen (kurz: MRT) können wir Gehirne nicht nur vermessen, sondern auch Gehirnaktivität untersuchen. Wir können auch Aufgaben stellen. In meinen Studien sind dies meistens Gedächtnisaufgaben, was jetzt niemanden überraschen dürfte. Wir können dann etwa feststellen, wo im Gehirn Aktivität auftritt, wenn jemand versucht, sich Ziffern oder Worte einzuprägen.

Wenn wir die Gehirnaktivität dieser gut trainierten Gedächtnisathleten mit einer Kontrollgruppe vergleichen, sorgen wir dafür, dass sich diese ähneln. Gleich viele Frauen und Männer in beiden Gruppen, ähnliches Alter und Ausbildungsniveau. Nur die einen haben eben lange mit Gedächtnistechniken trainiert und es in ihrem Denksport auf Weltniveau gebracht, während die anderen in Gedächtnistests eher durchschnittlich abschneiden. Wenn wir dann aber die Gehirnaktivität beim Merken vergleichen, finden wir bei den Athleten weniger (!) Aktivität als in der Kontrollgruppe.[13] Wenn wir schauen, was sie sich merken konnten, wissen sie viel mehr. Sofort, Stunden aber auch Tage später. Sehr, sehr, sehr viel mehr. Und doch haben sie, um sich das alles zu merken, weniger Gehirnaktivität nötig gehabt. Das bedeutet auch weniger Energieverbrauch, weniger Anstrengung und weniger Stress. Das Prinzip hierzu heißt: *Neural Efficiency*.[14]

Wer etwas sehr gut kann, der hat gelernt, sein Gehirn bei dieser Aufgabe effizienter arbeiten zu lassen. Durch Gedächtnistraining wird das Gehirn effizienter im Lernen und Einprägen von Inhalten. Das ist einer der wichtigsten Gründe, warum Gedächtnistraining auch zu mehr Entspannung und Platz im Gehirn führt.

Das muss dann auch keine jahrelange Erfahrung sein, die bei denen, die um Gedächtnistitel kämpfen, gegeben war. Unsere ergänzenden Trainingsstudien – also mit Anfängern statt Meistern – zeigen: Schon nach sechs Wochen Training ändert sich die Gehirnaktivität in Richtung der Trainierten; es ist also bereits weniger Aktivität bei den Aufgaben festzustellen.

Schnellkurs Schlüsselmacher

Um sich also unter anderem neue Vokabeln zu merken, machen Sie Schlüssel. Ein guter Schlüssel passt ohne Mühe in das passende Schloss. Ein guter Schlüssel für das Gedächtnis muss zum Wort, das zu lernen ist, passen – nicht zur Bedeutung. Aber der Schlüssel ist nicht das Wichtigste, es geht darum, was hinter der Tür liegt.

Sie wollen zum Beispiel das spanische Wort für Katze lernen: »gato«. Die meisten Menschen versuchen, das Wort mehrfach zu lesen oder dreimal aufzuschreiben. Gato – Katze. Gato – Katze. Gato – Katze. Aber Sie wissen bereits, was eine Katze ist. »Eine Katze ist ein Tier mit vier Pfoten, das schnurrt.« Sagen Sie dann vielleicht. Und gleichzeitig können Sie auch eine Katze erkennen, die nur drei Beine hat. Unser Gehirn ist sehr gut darin, solche Konzepte zu verwenden und anzupassen. Wenn Sie also im Spanischen »gato« lernen, brauchen Sie nicht mehr lernen, was eine Katze ist. Der Schlüssel muss zu »gato« passen, nicht zu Katze. Die richtige Art, die Schlüsselwortmethode zu verwenden, ist daher, nicht nach der Übersetzung oder Bedeutung des Wortes zu schauen, sondern nur auf das zu lernende Wort. Dann suchen Sie sich etwas, was Sie kennen, das Sie daran erinnert. Gato? Gatter. Jetzt erst schauen Sie auf die Übersetzung. Katze, hier. Nun suchen Sie ein Bild, das Katze mit Ihrem gewählten Schlüsselwort verbindet. Stellen Sie sich vor, eine Katze springt durchs Gatter. Einfach, nicht? Gedächtnistraining ist nicht schwierig.

»Jaja, aber …«, höre ich Sie schon einwenden. »Nicht jedes Wort hat so ein passendes Schlüsselwort wie ›gato‹.« Das ist wahr. Aber Ihre Denkweise bleibt gleich. Schauen Sie mal auf folgende spanische Begriffe. Versuchen Sie, hierfür Schlüsselworte zu finden. Wörter also, die Sie kennen und die den Vokabeln ähneln oder zumindest ähnlich beginnen.

- mesa
- roja (sprich: *Rocha*)
- cabeza
- juego (sprich: *Huego*)
- pastel
- pantalon
- bailar

Haben Sie für alle sieben Schlüssel gefunden? Versuchen Sie es bitte selbst, bevor Sie weitermachen. Ich warte hier auf Sie! Wenn Sie erst mal nichts finden, gönnen Sie sich eine Minute pro Wort. Unser Ziel ist, weniger Stress zu erfahren. Setzen Sie sich also nicht selbst unter unnötigen Zeitdruck.

Haben Sie sieben Schlüssel? Falls noch nicht: Hier sind meine Ideen. Das ist keine Korrektur! Ihre eigenen Ideen sind für Ihr

Gehirn besser als meine. Nehmen Sie meine daher nur zur Inspiration:

- Messer
- Rochen
- Kabel
- Hugo
- pastell(farben)
- Panther
- Beil

Jetzt erst schauen wir nach den Übersetzungen. Stellen Sie sich etwas vor, was Ihre Schlüssel mit den Bedeutungen verbindet. Machen Sie Ihre Bilder lustig, dynamisch und emotional. Machen Sie sie merkwürdig! Im wahrsten Sinne des Wortes! Sorgen Sie dafür, dass das, was Sie sich vorstellen, für Ihr Gehirn auffällig ist. Dann ist es für Ihr Gehirn auch wertvoll genug, um es zu behalten.

- mesa – Tisch (Ich haue ein Messer in den Tisch)
- roja – rot (Ich sehe einen roten Rochen)
- cabeza – Kopf (Ich binde mir ein Kabel um den Kopf. Aufpassen, gefährlich!)
- juego – Spiel (Ich trinke einen Hugo beim Brettspiel)
- pastel – Keks (Ich esse pastellfarbene Kekse)
- pantalon – Hose (Ich stelle mir einen Panther vor, der eine blaue Jeanshose trägt)
- bailar – tanzen (Ich tanze mit einem Beil in der Hand)

Das letzte Beispiel zeigt vermutlich: In vielen Sprachen begegnen wir auch Worten, deren Bedeutung wir schon kennen. Weil das Wort »bailar« in vielen Liedern vorkommt, kannten Sie es schon. Und dass wir Taco, Tapas und Tequila nicht übersetzen müssen, können wir uns auch denken. Andere Begriffe sind in der neuen Sprache sehr ähnlich oder gar identisch wie im Deutschen. So heißt im Spanischen Hotel »hotel«, Taxi »taxi« und Tomate »tomate«. Für diese Worte brauchen wir keine separaten Schlüssel.

In die andere Richtung gibt es natürlich auch Worte, bei denen ein Schlüssel nicht reicht, weil sie vielleicht länger sind oder ganz anders klingen als Begriffe unserer Muttersprache. Davon sollten Sie sich aber keineswegs abhalten lassen! Auch Arabisch, Chinesisch oder Koreanisch lässt sich mit Schlüsselworten sehr viel leichter lernen als ohne.

Ein weiteres Beispiel: »vacunar« (ausgesprochen eher *bakunar*) heißt impfen.

Meine Schlüssel: Bar, Kuh, nah

Mein Bild: Ich schaue in ein Café. An der Bar sitzt eine Kuh.

Ich traue mich nicht nah heran. Aber der Barkeeper zeigt: Keine Sorge, die ist geimpft!

Eine skurrile kleine Situation, die auf jeden Fall merkwürdig ist.

Sie dürfen natürlich auch Ihre Kenntnis anderer Sprachen gebrauchen. »Embarazoso« bedeutet *peinlich*. Wer Englisch, aber noch kein Spanisch spricht, wird jetzt gleich denken: »So ähnlich wie das Englische ›embarrassing‹!« Und wird keine weiteren Schlüssel benötigen, um sich die identische Bedeutung auch für »embarazoso« zu merken. Wer kein Englisch spricht oder das nicht gesehen hat, der teilt es wieder auf, macht sich mehrere Schlüssel: Ein Mann kommt nach Haus, volltrunken. Seine Frau fragt böse: »Wo warst du?« Erwischt, wie *peinlich*! Er stammelt: »Ehm … Bar … oder so …«

Gedächtnisblitz: Englisch für Fortgeschrittene

Hier sind zehn englische Vokabeln für Fortgeschrittene. Überlegen Sie sich zuerst selbst Schlüssel! Dann schauen Sie auf die Bedeutung samt Sprachbeispiel und stellen sich etwas vor, was Schlüssel und Bedeutung verbindet. Unten drunter, als Inspiration, meine Schlüssel.

- *arcane* – geheimnisvoll (*arcane myth*)
- *benign* – gnädig (*benign manners*) und gutartig (*benign tumor*)
- *bland* – fade (Geschmack), langweilig (*the soup is bland*)
- *discernible* – wahrnehmbar (*no discernible difference*)
- *to embrace* – umarmen (*embracing like a young child*)
- *hibernate* – Winterschlaf (*hibernation of a bear*)
- *to instigate* – initiieren (*to instigate a project*)
- *ostensible* – scheinbar, vorgetäuscht (*ostensible reason*)
- *tome* – dickes Buch (Wälzer) (*this tome is meant for coffee tables*)
- *ubiquitious* – allgegenwärtig (*ubiquitious fast food restaurants*)

Meine Schlüssel:

- arcane – Arche
- benign – (ich) bin ein (gütiger Mensch)
- bland – Blender (der Koch war ein Blender, die Suppe schmeckte total fade)
- discernible – Disc + Kern

- to embrace – Emblem + Race
- hibernate – Hyper + näht
- to instigate – instant gate (jemand initiiert, dass spontan ein Tor erscheint, ein instant gate)
- ostensible – Ost + sensibel
- tome – Tom
- ubiquitious – Obi + Quitten + Schiss

Das Prinzip der Schlüsselworte funktioniert nicht nur bei Sprachen. Im Gegenteil, Schlüssel kommen bei allen Gedächtnistechniken vor. Ein Beispiel, bei dem wir Schlüssel direkt verwenden und miteinander in Bildern verbinden, sind Hauptstädte. Die Vereinten Nationen bestehen aus 193 Mitgliedsstaaten. Von wie vielen kennen Sie die Hauptstadt?

Angenommen, Sie wollen für das nächste Pubquiz ein paar Hauptstädte lernen. Etwa, dass die Hauptstadt Kolumbiens Bogota heißt. Dann machen Sie Schlüssel für beides, Stadt und Land. Was wissen Sie von Kolumbien? Fällt Ihnen jetzt etwas ein, dann haben Sie schon Ihren Schlüssel! Es muss nicht immer ein Wortspiel sein, nicht immer eine Eselsbrücke. Alles, was in Ihrem Langzeitgedächtnis sicher gespeichert ist, taugt als Schlüssel. Mögen Sie Radrennen? Dann denken Sie jetzt vielleicht an den kolumbianischen Tour-de-France-Sieger Egan Bernal. Für Bogota könnten die Schlüssel ein Bogen und ein Otter sein. Stellen Sie sich vor, wie Egan Bernal mit einem Bogen auf dem Fahrrad sitzend Otter jagt. Radrennen interessieren Sie nicht die Bohne und von Herrn Bernal haben Sie entsprechend noch nie gehört? Dann taugt der Schlüssel nichts für Sie. Denken Sie dann an eine Kolumne (Kolumbien) in der Zeitung, über Otterjagd mit Bogen.

Gedächtnisblitz: Berlin, Paris, Antananarivo – 10 Hauptstädte, die Sie (vermutlich) noch nicht kennen

In der folgenden Tabelle finden Sie noch mehr Beispiele, um das Schlüsselmachen zu üben. Zugleich lernen Sie noch etwas über unsere Welt. Wichtig: »Stell dir vor!«, ist der Auftrag. Stellen Sie sich Ihre Bilder wirklich vor! Nur sprachlich überlegen, welche Schlüssel geeignet wären, ist zu wenig. Machen Sie sich Vorstellungen! Am besten ist es, wenn Sie die Spalten drei und vier mit meinen Schlüsseln und Vorstellungen erst mal ignorieren und versuchen, eigene zu entwickeln!

Land	**Hauptstadt**	**mögliche Schlüssel**	**Stell dir vor**
Madagaskar	Antananarivo	Made – Ananas riechen	Eine Made klettert auf eine Ananas und riecht an dieser.
Honduras	Tegucigalpa	Honda race – Tee Gucci Galle	Auf einem Honda-Rennmotorrad sitzt jemand mit einer Tasse Tee in der einen Hand und einer Gucci-Tasche voll Galle in der anderen.

Land	Hauptstadt	mögliche Schlüssel	Stell dir vor
Lett-land	Riga	Lettern – Riegel	Jemand nimmt Lettern aus dem Druckkasten und drückt diese in einen Riegel.
Bhutan	Thimphu	Butan – Schimpanse	Riechst du auch Butan-Gas? Ach, das ist nur der Schim-panse da vorne, der stinkt immer so.
Maure-tanien	Nouakchott	Mau-Mau, retten – Nougatscho-kolade	Mau-Mau! – Pass auf, die schmeißt die Karten mitten auf die Nougat-schokolade! (Und rette die Karten vor der Verschmut-zung.)
Guyana	Georgetown	Guy Anna – George	Guy Ritchie, Anna Kurnikowa und George Bush treffen sich in einer »Town«.
Sim-babwe	Harare	Simba (Löwe) – Rare Haare	Der kleine Löwe Simba ist alt geworden, seine Haare werden rar.

Mongolei	Ulaanbaatar	Mongolisches Zelt – Ulla Bad	In einer mongolischen Jurte sehe ich Ulla (z.B. Kock am Brink oder Schmidt, Sie kennen sicher jemanden mit dem Vornamen) ein Bad nehmen.
Komoren	Moroni	Komm Ohren – Moron	Es kommt mir zu Ohren, dass du mich »Moron« genannt hast?
Palau	Ngerulmud	Pfahl, auf – ein Grill, Mut	Warum sitzt du auf dem Pfahl? – Da steht ein Grill, der ist so heiß, mir fehlt der Mut, herunterzukommen.

Geschichten

Wir wollen nicht nur lose Worte oder einzelne Begriffe lernen. Wichtige Informationen bestehen meist aus viel mehr als nur ein oder zwei Worten. Hier hilft uns die Geschichtenmethode. Probieren wir es gleich einmal aus!

Und zwar so: Ich erzähle Ihnen jetzt eine Geschichte. Kein spannendes Märchen. Und auch nicht von so hohem literarischem Wert, als dass es dieses Buch in die Kategorie »Literatur / Fiktion« schaffen wird. Aber es ist eine Geschichte, die Sie sich vorstellen können. Lesen Sie diese also nicht nur einmal schnell durch. Versuchen Sie wirklich, sich diese vor Ihrem inneren Auge abzuspielen. Lassen Sie Bilder und Szenarien in Ihrem Kopf entstehen. Ich verspreche: Es lohnt sich!

*Sie sehen jemanden mit einem **Bohrer kommen.***
*»Entschuldigung«, fragt er. »Bin ich hier auf **Juist**? Bin ich schon im **Norden**?«*
*»**Nee**«, antworten Sie.*
*Er ist enttäuscht. »Hoffentlich bin ich **bald** da«, seufzt er und nimmt einen Schluck **Rum**. »Ich laufe schon sooo **lange**«, sagt er und eine Träne kullert aus seinem **Auge**. Er nimmt einen **Spickzettel** aus seiner Tasche und guckt mit den **Augen** drauf. »Ich dachte, ich bin hier richtig.« Sie streicheln ihm seine linke Wange und die andere **Wange auch**.*
*»Es ist noch **hell**, Sie können ja noch weitergehen.«*
*Aber er setzt sich erst mal und beginnt, ein Ei zu **pellen**. Ein **Wurm** kommt heraus. »**Aah** …«, ekeln Sie sich und nehmen einen Schluck von seinem **Rum**. »Wie weit ist es noch?« – »Ein Stück. Vielleicht **fahren** Sie besser mit dem Auto. Vielleicht kann ein **Söldner** Sie mitnehmen.«*

Okay, ich habe Sie gewarnt, dass Sie kein großartiges Stück Prosa erwarten dürfen. Aber es ist doch, mehr oder weniger, eine Geschichte. Das Gehirn liebt Geschichten!

Schauen Sie jetzt noch mal auf die Geschichte. Lesen Sie diese erneut und achten Sie diesmal bewusst auf die fettgedruckten Worte. Jetzt. Fertig?

Dann schließen Sie die Augen. Probieren Sie, die Geschichte auswendig wiederzugeben. Details sind nicht wichtig, aber die fettgedruckten Worte müssen stimmen.

Dann überprüfen Sie, ob Sie sich alle Worte richtig gemerkt haben. Vielleicht haben Sie zwei, drei Durchgänge nötig, aber dann klappt es sicher problemlos!

Geschafft? Herzlichen Glückwunsch! Sie haben gerade alle bewohnten deutschen Nordseeinseln auswendig gelernt! Von Westen nach Osten. Und zwar mithilfe dieser komischen Geschichte! Gehen Sie die fettgedruckten Worte noch mal durch. Sehen Sie es schon? Es beginnt mit »Bohrer kommen« für Borkum und geht bis zu »linke Wange und die andere Wange auch« für Wangerooge. Das sind die Ostfriesischen Inseln. Weiter geht es mit dem Hinweis, dass es noch hell ist (Helgoland) rüber zu den Nordfriesischen mit »pellen« und »Wurm« (Pellworm) bis Söldner (Sylt).

Ostfriesische Inseln	Nordfriesische Inseln
• Borkum (Bohrer kommen)	• Pellworm (pellen, Wurm)
• Juist (Juist)	• Amrum (aah, rum)
• Norderney (Norden, nee)	• Föhr (fahren)
• Baltrum (bald Rum)	• Sylt (Söldner)
• Langeoog (lang, Auge)	
• Spiekeroog (Spicker, Auge)	
• Wangerooge (Wange, auch)	

Dazu mittig Helgoland (hell) in der deutschen Bucht.

Diese Arten von Geschichten sind der nächste Schritt nach »Stell dir vor«. Statt lose Bilder zu sehen, denken Sie in Situationen und erfundenen Ereignissen. Wenn Sie dann den Beginn der Geschichte wissen, kommen Sie von einem Teil zum nächsten. Alle Bilder sind in einer festen Reihenfolge miteinander verbunden. Weil unser Gehirn in Verbindungen lernt, ist das eine gute Möglichkeit, dem Gehirn zu helfen, Neues aufzunehmen und mit Bekanntem zu verbinden. Sie machen es Ihrem Gehirn deshalb leicht, weil es selbst genauso arbeitet: Mit dem episodischen Gedächtnis hat es ein System, um mit Erfahrungen und Geschichten etwas anzufangen und diese zu speichern. Was Ihnen widerfährt, was Sie erleben, das kommt ins episodische Gedächtnis. Ob diese Erlebnisse aber wirklich passiert sind oder ob Sie sich diese nur ausdenken, ist dabei weniger wichtig. Eine vorgestellte Erfahrung wird ähnlich gut behalten wie die reale Erfahrung.

Arbeiten Sie im Marketing oder Verkauf und wollen Sie eine mitreißende Präsentation geben? Oder möchten Sie Ihr Wissen effektiv teilen? Dann kennen Sie schon den Begriff »Storytelling«. Geben Sie nicht nur die Fakten wieder, sondern erzählen Sie eine Geschichte, lautet der Rat von Trainern in all diesen Bereichen. Die Menschen, die Ihnen zuhören, können sich Geschichten besser merken als trockene Fakten. Zum einen, weil ihnen das Zuhören Freude bereitet und zum anderen, weil sie von Ihren Geschichten ganz anders berührt werden als von langweiligen Ausführungen. Mit anregenden Geschichten sichern Sie sich in jedem Fall die Aufmerksamkeit Ihrer Zuhörer. Komisch, dass wir Menschen dieses Prinzip nicht für uns selbst und unser Gedächtnis verwenden! Unser eigenes Gehirn funktioniert genauso und findet Geschichten ebenso spannend. Was Sie sich selbst erzählen, sollte ebenfalls mit Storytelling erfolgen, wie das, was Sie anderen präsentieren.

Ich weiß nicht, wo Sie gerade in diesem Moment sind. Zu Hause auf dem Sofa? Im Zug? Vielleicht liegen Sie an einem schönen Strand, genießen ein leckeres Getränk und verbringen Ihren Urlaub mit einem ansprechenden Sachbuch. Wir lesen gerne in unserer freien Zeit, auch im Urlaub, weil es uns entspannt.

Wir lesen in diesen Momenten meistens nicht, um Informationen zu erhalten. Wir erwarten auch nicht, dass wir jedes Detail behalten werden. Wir lesen, weil es Spaß macht, weil es uns in andere Welten bringt. Auch die Forschung hat gezeigt: Aus Freude lesen reduziert Stress, macht kreativer, verbessert das Allgemeinwissen sowie den Wortschatz und ist gesund.[15]

Lesen in der Arbeit, für Schule, Studium oder Weiterbildung hat ein anderes Ziel: Wissen zu übertragen. Arbeitsbezogene E-Mails sind selten mit Freude zu lesen. Diese Texte haben auch nicht das Ziel, Sie zu unterhalten. Wer den Text liest, muss selbst entscheiden, wie das geschieht. Storytelling wird entsprechend selten angewendet. Zu Recht! »Sehr geehrte Kolleginnen, diese Patientin, die zu mir in die Notaufnahme kam, erinnerte mich an eine Reise nach Griechenland. Mykonos, 1995. Als …« Wenn eine hausärztliche Praxis diesen medizinischen Bericht aus einer Klinik empfängt, wird dort nicht mit Genuss weitergelesen, sondern die Wut überwiegt, dass der Text nicht so kurz wie möglich gehalten wurde. Es geht nur um die Fakten, der Arztbericht ist reine Informationsweitergabe.

Soll die Information aber ins Gedächtnis »weitergegeben« werden, ergeben Geschichten sehr viel Sinn, am besten Ihre eigenen. Eine Geschichte hilft uns nicht nur, die Information zu behalten, sie hilft auch zu entspannen. Mit mehr Freude und stressfreier mit ihr umzugehen. Indem Sie sich selbst Geschichten erzählen, kommen Sie in einen anderen Arbeitsmodus: Von Information, Stress, Unsicherheit zu Entspannung, Ruhe und Sicherheit. Klar bleibt, diese Geschichte hat trotzdem eine Funktion: wichtige Informationen im Gehirn aufnehmen.

Die Geschichten, die Sie sich ausdenken, müssen keine Literaturpreise gewinnen. Trotzdem sprechen sie Ihr Gehirn anders an. Lesen aus Freude macht Spaß, weil Ihr Gehirn etwas davon hat. Geben Sie ihm Geschichten, wenn keine von selbst da sind. Denken Sie sich Geschichten für sich selbst aus, um Informationen besser zu behalten. Keine Sorge: Die nötige Kreativität haben alle Menschen! Sie fügen der Geschichte immer ein Bild zu, nämlich den nächsten Schlüssel. Eine durchgehende Storyline ist nicht nötig, Sie brauchen sich auch keine Charaktere ausdenken. Die Hauptfigur Ihrer Merkgeschichten sind Sie selbst.

Gut zu wissen: Die ersten Geschichten waren Merkhilfen

Wir denken bei Geschichten an Literatur, an Freude und Unterhaltung. Aber die ersten Geschichten entstanden lange vor den ersten Büchern. Menschen dachten sie sich nicht zum Spaß aus, es waren Gedächtnisstützen!

Historiker schätzen, dass unserer Art, der moderner Mensch Homo sapiens, seit etwa 300 000 Jahren existiert. Aber erst seit etwa 100 000 Jahren können Menschen sprechen. Es begann mit einfacher Sprache. Moderne Sprachen mit Grammatik und Wortschatz, die ähnlich umfangreich sind wie heute, gibt es wohl seit maximal 50 000 Jahren. Erste Schrift? 5000 Jahre. Buchdruck, 500 Jahre. Alles Wissen musste für den größten Teil der Menschheitsgeschichte von Generation zu Generation mündlich weitergegeben werden. Mündliche Überlieferung war der einzige Weg. Menschen wussten sehr wohl, dass es ihren Nachfahren nicht gut gelingen würde, sich Informationen zu merken, wenn sie z.B. einfach nur eine Liste von guten Jagdgründen aufzählten oder Orte nur nannten, an denen es gefährlich war. Wenn ein Säbelzahntiger dich angegriffen hat, du aber überlebt hast, wusstest du: Das Tier ist gefährlich, da geh ich nicht wieder hin! Zugleich würde das Opfer es seiner Gemeinschaft erzählen, um alle anderen zu warnen, damit ihnen das gleiche Schicksal erspart bliebe. Und wenn das Opfer nicht mehr selbst da war, blieben seine Geschichten über Generationen bestehen.

So wurde Wissen durch Geschichten, Märchen, Sagen, Gedichte, Lieder und Mythen weitergegeben. »Und die Moral von der Geschicht« sorgte dafür, dass es auch alle begriffen. Dr. Lynne Kelly aus Australien erforscht noch bestehende Kulturen, in welchen die mündliche Überlieferung (in der englischen Fachliteratur: oral tradition) noch eine wichtige Rolle spielt, etwa bei den Aborigines.[16] Sie zeigt in ihrem Buch, dass deren Geschichten den exakt selben Prinzipien folgen wie die Gedächtnistechniken, die in diesem Buch beschrieben werden. Es geht also wirklich viel weiter als einzelne Botschaften und Techniken: Kulturen, die auf mündlicher Überlieferung aufgebaut sind, haben ihr gesamtes fachliches Wissen in Erzählungen und Liedern kodiert und können dadurch alle Tiere und Pflanzen in ihrer Umgebung benennen, die Sterne am Himmel identifizieren und auch die Geschichte ihres Volks rekapitulieren.

Schlüsselschalen

Sie wissen jetzt, dass Sie Schlüssel in Form von Bildern benötigen, um Informationen aufzubereiten. Dass Geschichten Ihr Gehirn ganz anders ansprechen, Sie entspannen und hängen bleiben. Vielleicht fragen Sie sich: »Wie finde ich im richtigen Moment meine Schlüssel und Geschichten wieder?« Da hilft das Gleiche, wie wenn Sie Ihre echten Schlüssel wiederfinden möchten (siehe Kapitel 1): eine Schale! Gut, in diesem Fall natürlich eine metaphorische Schlüsselschale. Sie können da nicht wirklich etwas Physisches hineinlegen, aber Sie geben Ihren Gedächtnisschlüsseln einen Ort.

Wenn Sie sich später an etwas erinnern wollen, das Sie mit Gedächtnistechnik gelernt haben, dann wollen Sie wissen, wo Sie in Ihren Gedanken hingehen müssen, um es wiederzufinden.

Wir haben schon über Fachinformationen gesprochen. Diese sind oft der Grund für Überlastung, Stress und im Extremfall dem Gefühl, es nicht mehr zu schaffen, bis hin zum Burn-out. Wir alle empfangen ständig unglaublich viele Informationen. Die Quellen dafür sind vielfältig: E-Mails, Messenger-Apps wie Whatsapp, klassische Post, das Firmenintranet und noch vieles mehr. Den Großteil dieser Informationen müssen wir nicht behalten. Die Rechnung wird bezahlt, das Dokument an die zuständige Person weitergeleitet oder die Mail gleich gelöscht, weil mal wieder jemand unnötigerweise die ganze Abteilung in CC gesetzt hat. Aber in der täglichen Informationsflut steckt halt auch die eine oder andere Information, die doch wichtig ist oder auf lange Sicht noch mal nützlich sein könnte. Für Ihr Gehirn ist das aber zunächst kaum zu unterscheiden, was jetzt eine wichtige Information sein könnte und was nicht. Ein gutes E-Mail-Archiv hilft dann, um Informationen in alten Mails leicht wiederzufinden. Es nützt aber nichts, wenn Sie zwar sicher wissen, dass die Information noch *irgendwo* sein *müsste*, aber das passende Suchwort nicht finden. Genauso ist das im Gehirn: »Ich weiß es eigentlich noch, *irgendwo müsste* es noch in meinem Gedächtnis sein, aber ich komm jetzt nicht drauf.« Das stresst uns und genau das wollen wir verhindern.

Es ist nötig, ein System zu kreieren, mit dem Sie Informationen im Gedächtnis wiederfinden. Der schwedisch-amerikanische Psychologe K. Anders Ericsson hat schon in den 1980er-Jahren ein Model entwickelt, um außergewöhnlich gute Gedächtnisleistungen von Experten in unterschiedlichen Gebieten zu erklären. Etwa von Schachspielern, die Dutzende Partien gleichzeitig spielen können, oder Tänzerinnen, die ebenfalls viele Choreografien im Kopf haben und nach kürzester Zeit weitere erlernen. Ericsson entdeckte in seiner Forschung, dass all diese Experten Systeme entwickelt haben, um Informationen schnell im Gedächtnis zu finden, und nennt diese »Retrieval Structures«, was sich etwa mit Abrufstrukturen übersetzen lässt.[17]

Kurz gesagt: Sie müssen wissen, wo es liegt.

Peg-Listen

Eine Möglichkeit, solche Erinnerungsstrukturen selbst zu generieren, sind sogenannte Peg-Listen (von engl. Peg = Aufhänger). Eine solche Liste enthält Worte, mit denen leicht der Platz auf der Liste gefunden werden kann: Die Reihenfolge ist wichtig. Lernen Sie diese Worte, die pegs (Aufhänger), auswendig. Dann können sie später als Schlüsselhaken für Ihre Gedächtnisschlüssel dienen. Um etwa eine Liste willkürlicher Begriffe zu lernen, wird jedes Objekt der Reihe nach mit dem folgenden Aufhänger assoziiert. Üblicherweise muss eine solche Peg-Liste nur einmal vorbereitet werden und kann danach immer wieder neu verwendet werden, um damit andere, neue Informationen zu lernen.

Das war genug Theorie. Deutlicher wird es mit zwei praktischen Beispielen.

Reimworte helfen beim Merken

Eine kurze, aber auch nützliche Peg-Liste sind die Zahlen von 1 bis 10. Mit dem Aussehen der Ziffer selbst etwas zu verbinden, ist schwierig. »Ich sehe einen Vogel auf einer 2«, ist nicht stark genug. Auch abzählen ist nicht deutlich genug. Vor dem inneren Auge gibt es zu wenig Unterschied zwischen den Bildern »Ich sehe sieben Würmer« und »Ich sehe acht Würmer«. Was wir stattdessen tun, ist, den Ziffern vorab Bilder zuzuweisen. Im Kapitel »Gedächtniscodes« werden wir das noch sehr viel ausführlicher tun, dann allerdings mit einer anderen Zielstellung.

Die Peg-Listen sollen so einfach wie möglich sein. Für die Zahlen 1 bis 10 können wir gut mit Reimwörtern arbeiten. Bei »Da ist ein Wurm auf der Vier« können wir uns nichts vorstellen, aber bei »Da ist ein Wurm im Bier« – da sehe und fühle ich was! Es gibt nicht für alle Ziffern perfekte Reime, aber die Reime dienen ja auch nur dazu, sich die Bilder einmal zu merken.

Meine Reimliste ist:
Bein für ein(s)
Zoo für zwo (zwei)
Brei für drei
Bier für vier
Schlumpf für fünf
Hex für sechs
Lieben für sieben
Nacht für acht
Freuen für neun
Sehen für zehn

Gedächtnisblitz: Die zehn meistvorkommenden Vögel in Deutschland

Laut Bundesamt für Naturschutz kommen von den Vögeln, die in Deutschland brüten, die folgenden zehn Arten am häufigsten vor (sortiert von Rang 1 bis 10). Fangen Sie erst an, wenn Sie schon sicher wissen, welche Peg-Worte für die

Ziffern 1 bis 10 stehen. Auch in dieser Übung gilt: Die Bilder sollten Sie sich wieder so gut wie möglich vor dem inneren Auge vorstellen!

	Peg	**Vogel**	**Bild**
1	Bein	Amsel	Auf meinem Bein sitzt eine Amsel.
2	Zoo	Buchfink	Im Zoo schaue ich gar nicht auf die exotischen Tiere, ich sitze nur auf der Bank, lese ein Buch und »finke« (winke) den Leuten.
3	Brei	Kohlmeise	Ich esse eine Schale Brei mit Kohl und Mais.
4	Bier	Mönchsgrasmücke	Ich trinke von den Mönchen gebrautes Bier, während ich auf dem Gras sitze. Leider nerven die Mücken.
5	Schlumpf	Haussperling	Ein Schlumpf läuft mit einem Speer in ein Haus.
6	Hexe	Blaumeise	Eine Hexe fliegt über ein Maisfeld und zaubert alle Maiskolben blau.
7	Lieben	Zilpzalp	Schlüssel: Silbe + Salbe Ein Liebespaar erzählt sich Gedichte. Jede Silbe ist dann wie Salbe für die Seele.

	Peg	Vogel	Bild
8	Nacht	Rotkehlchen	Die Nacht bricht an, aber bevor es dunkel wird, schimmert die Sonne noch tiefrot.
9	Freuen	Ringeltaube	Ich freue mich über den schönen Ring, den mir eine Taube gebracht hat.
10	Sehen	Star	Ich sehe einen Star! Vielleicht eine Sängerin oder ein Schauspieler. Oder doch einfach gleich den Vogel, wenn ich ihn mir gut vorstellen kann.

Wenn Sie jetzt die Peg-Bilder wieder durchgehen, können Sie dann bereits alle Vögel der Reihung nach nennen? Von wem kam das Bier? Worüber freuen Sie sich? Wenn Sie die Vögel nicht nennen können, gehen Sie noch ein- oder zweimal alles durch. Dann klappt es sicher!

Alphabet – das kennt jeder

Als zweites Beispiel verwenden wir eine weitere Liste, die Sie längst kennen: das Alphabet. 26 Buchstaben mit deutlicher Reihenfolge. Wie auch bei den Ziffern gilt, dass Sie Ihre Schlüssel nicht direkt an den Buchstaben hängen können. Ich rate Ihnen daher, eine alphabetische Liste aufzustellen mit Dingen, welche Sie sich vorstellen können. Später können Sie sogar mehrere Listen haben, die alle das Alphabet verwenden.

Für den Anfang rate ich Ihnen, eine Liste mit Tieren zu nehmen. Tieralphabete gibt es sowieso einige, es gibt also genug Auswahl (außer für das X).

Meine Tier-Peg-Liste:

A – Affe
B – Bär
C – Chamäleon
D – Delfin
E – Elefant
F – Flamingo
G – Gans
H – Hund
I – Igel
J – Jaguar
K – Katze
L – Lama
M – Maus
N – Nashorn
O – Otter
P – Panda
Q – Qualle
R – Raupe
S – Seehund
T – Tiger
U – Uhu
V – Vogel
W – Wolf
X – Xenopus (oder einfach niX)
Y – Yak
Z – Zebra

Gefällt Ihnen ein Tier auf meiner Liste nicht, fürchten Sie sich davor oder können es sich gar nicht vorstellen? Dann wählen Sie ein anderes. Wenn Sie die Liste zwei-, dreimal ruhig lesen, wird es Ihnen problemlos gelingen, diese danach aus dem Gedächtnis aufzusagen. Dann bleibt dies Ihre erste feste Peg-Liste für das Alphabet. Wenn Sie dann einige Schlüssel in Ihrem Gedächtnis ablegen wollen, verbinden Sie diese in der logischen Reihenfolge bildlich mit den Pegs. Solange Sie nicht die Reihenfolge des Alphabets vergessen, lernen Sie automatisch die Schlüssel auch in der richtigen Reihenfolge. Und zwar ohne extra Aufwand. Die richtige Reihenfolge gibt es so beim Lernen mit einer Peg-Liste gratis dazu!

Um die Liste gleich verwenden zu können, lernen wir nun die Nachnamen der ersten zehn Präsidenten der USA mit Hilfe der Tier-Peg-Liste! Die Namen sind Washington, (John) Adams, Jefferson, Madison, Monroe, (John Quincy) Adams, Jackson, van Buren, Harrison und Tyler.

Probieren Sie erst selbst wieder, eigene Schlüssel zu finden, bevor Sie meine verwenden. Ihre eigenen Ideen passen im Zweifel besser für Sie, als was mir einfällt. Ihre Ideen kommen schließlich aus Ihrem Langzeitgedächtnis und da wollen wir ja »rein«. Meine Schlüssel, die für mich passen, sind: Waschen, Atem, Chefs Sohn, Made, Marilyn Monroe, Quinoa + Atem, Michael Jackson, von Büro, Haare, Thai lernen (die Sprache).

Diese Schlüssel hängen wir nun an die PEG-Bilder der Tierliste, indem wir uns etwas vorstellen und Verbindungen kreieren. Je lustiger, je besser. Ich stelle mir einen Affen vor, der gerade Kleidung wäscht. Der Bär steht draußen, ich sehe seinen Atem in der kalten Luft. Der Sohn vom Chef darf mit einem Chamäleon spielen. Jemand füttert den Delfin mit Maden. Marilyn Monroe reitet auf dem Elefanten. Der Flamingo hat auch sichtbaren Atem vor dem Gesicht, aber der riecht noch mal besonders – nach Quinoa. Ich dachte, die sind rosa, weil sie Garnelen essen? Michael Jackson jedenfalls fliegt wie Nils Holgersson mit den Gänsen. Der

Hund kommt von vorne aus meinem Büro. Der Igel ist auch sehr merkwürdig, neben Stacheln hat er Haare? Und der Jaguar, der kommt auf mich zu. Ich erschrecke, aber er erzählt mir, dass er gerne von mir Thailändisch lernen will.

Es bleibt wichtig, diese Bilder auch wirklich so gut wie möglich vor sich zu sehen. Wenn Sie die Liste jetzt nochmals durchgehen, von Affe bis Jaguar, können Sie vielleicht sofort alle Schlüssel nennen. Vielleicht braucht es auch noch einen zweiten Durchgang. Wenn bei einem Tier noch kein Schlüssel zu finden ist, schauen Sie kurz im Text nach und versuchen Sie, dann ein noch stärkeres Bild zu machen. Ein interaktiveres oder mit mehr Emotionen. Überlegen Sie dann zu jedem Schlüssel, für welchen Präsidentennamen er steht. Haben Sie Namen und Schlüssel gut verbunden, reicht es in Zukunft, den Schlüssel vom Hänger zu holen, also sich durch das Bild beim Tier an das Schlüsselwort zu erinnern. Dann werden Sie auch sofort den gesuchten Nachnamen wissen.

Lust, weiterzumachen? Die nächsten Namen für die Präsidenten 11 bis 26 sind: Polk, Taylor, Fillmore, Pierce, Buchanan, Lincoln, (Andrew) Johnson, Grant, Hayes, Garfield, Arthur, Cleveland, (Benjamin) Harrison, Cleveland (der gleiche wie vor B. Harrison), McKinley, (Theodore) Roosevelt. Denken Sie sich Schlüssel aus und hängen diese an die Buchstaben 11 (bei mir: eine Katze tanzt Polka) bis 26 (ein Zebra stolpert und fällt über eine Rose).

Calm down – trotz Stress klar denken

Ein Teil unseres Gehirns ist das limbische System. Es sitzt ziemlich tief im Gehirn und umfasst einige Gehirnregionen, von denen Sie möglicherweise schon gehört haben: Amygdala, Hippocampus und Hypothalamus zum Beispiel. Interessant ist die Beteiligung des limbischen Systems an zwei wichtigen Dingen: Emotionsverarbeitung und Gedächtnisbildung. Das zeigt auch schon physisch, wie diese an sich unterschiedlichen Aufgaben im Gehirn zusammengehören. Diese Beobachtung liefert auch eine weitere Begründung für den Nutzen von Gedächtnistraining über das reine Merken hinaus. Etwas vereinfacht gesagt: Bei akutem Stress übernimmt die Amygdala das Kommando. Sie ist dann in der Lage, schneller zu reagieren, aber nicht unbedingt besonders gründlich nachzudenken. Stresshormone nehmen zu, Ihre Atmung wird schneller und Teile des Körpers spannen sich an. Das Langzeitgedächtnis um Rat zu fragen, wird zunehmend schwierig. Das Gehirn will jetzt schnell entscheiden können. *Fight or Flight* – draufhauen oder wegrennen. Das ist in der Natur die erste Reaktion, um eine möglicherweise gefährliche Situation einzuordnen. Das war früher für den Menschen sehr wichtig. Wenn ein Mensch im Wald einem wilden Tier begegnete, musste schnell reagiert werden. Draufhauen oder wegrennen. Zum Glück haben wir solche gefährlichen Situationen heute in unserem Leben nicht mehr. Die Neurobiologie ist aber unverändert. Das kann unpraktisch sein, wenn Sie zum Beispiel ein Gespräch mit Ihrer Führungskraft haben. Stellt diese dann irgendeine blöde Frage, mit der Sie nicht gerechnet haben, nimmt das Stressniveau zu und am Ende ist alles, was Sie denken können, wenn Sie über den Schreibtisch schauen: draufhauen oder wegrennen? Um das Stressniveau zu senken und gar nicht erst in diese Situationen zu kommen, ist es nützlich, einige Techniken zu erlernen. Wahrscheinlich ist Ihnen der eine oder andere Tipp auch schon bekannt. Aber ich empfehle, diese Techniken vorher (wenn gerade gar kein gefährliches Meeting ansteht) bewusst zu üben.

- Fokussieren Sie auf Ihre Atmung. Beruhigen Sie diese bewusst. Atmen Sie langsam und tief durch die Nase ein und ruhig durch Nase oder leicht geöffneten Mund wieder aus.
- Benennen Sie Ihre Emotionen: »Ich bin jetzt irritiert und auch etwas enttäuscht, weil mein Sohn offensichtlich nicht die Wahrheit gesagt hat.« – »Ich bin nervös, weil ich einen Fehler gemacht habe und nicht weiß, wie meine Freunde darauf reagieren werden.« – »Ich habe Angst mit diesem Flugzeug zu fliegen, aber anders kann ich nicht zur Konferenz nach Amerika.«
- Entfernen Sie sich von der stressvollen Situation, wenn das geht. Bitten Sie im angespannten Verhandlungsgespräch um ein paar Minuten Pause, gehen Sie kurz in ein anderes Zimmer. Wenn es nicht anders geht, entschuldigen Sie sich kurz für einen Toilettengang, auch wenn der noch hätte warten können.
- Wissenschaftlich deutlich kontroverser, aber auch oft zitiert: Power-Posing. Ändern Sie dazu bewusst die Körpersprache und nehmen Sie eine Körperhaltung ein, die Sie ruhig und absolut selbstsicher erscheinen lässt. Nicht nur um auf andere zu wirken, sondern auch um selbst dadurch tatsächlich ruhiger und selbstsicherer zu werden. Wahrscheinlich ist es eher ein Placeboeffekt aber das sagt auch nur: Sie haben (zumindest zum Teil) selbst die Kontrolle darüber, wie Sie sich fühlen!

Auf längere Sicht sind auch Bewusstseinstrainings (zum Beispiel Achtsamkeitstraining) oder Meditation nützlich, ebenso wie körperliches Training und auch Gedächtnistraining. Unter dem Druck von akutem Stress klappt es weniger gut, auf Informationen zuzugreifen. Wer das krampfhaft versucht, zum Beispiel in einer Prüfung, steigert den Stress nur weiter: ein Teufelskreis. Wer aber sein Wissen beispielsweise mit einer Peg-Liste verbunden hat und über seine Schlüssel das Langzeitgedächtnis wieder »öffnen« kann, kann selbst bei vergleichsweise großem Stress den Weg zurückfinden. Das zu wissen, beruhigt von Anfang an, reduziert den Stress und hält die Fähigkeit zum klaren Denken aufrecht.

3 Location, Location, Location!

Gib Erinnerungen einen Ort

Alles, was in Verbindung mit einem Ort steht, kann das Gedächtnis besser behalten. Diese Idee wiederhole ich hier, weil dieses Kapitel davon handelt, sie zu vertiefen. Auf Peg-Listen können Sie Ihre Gedächtnisschlüssel aufhängen. Peg-Listen sind allerdings nicht sehr skalierbar. Es ist schwierig, sie auszubreiten, und daher auch nicht leicht, diese passgenau für Ihre Ziele zu verändern.

In diesem Kapitel schaffen wir daher echten Platz in Ihrem Gehirn, damit Sie immer die Übersicht haben. Damit Sie wissen, wo Sie Informationen speichern können, und sicher auf der Informationsflutwelle surfen statt darin zu versinken. *Mehr Platz im Gehirn* ist der Titel dieses Buches und mehr Entspannung eines der Ziele. Menschen neigen dazu zu denken, dass Entspannung bedeutet, der Platz im Kopf müsse leer sein. Aber so funktioniert das nicht.

Wenn Sie ein Haus anschauen, das unmöbliert ist, sagen Sie: »Wie geräumig!« Aber wenn Sie das Haus dann kaufen oder anmieten, dann stellen Sie natürlich als Erstes Möbel hinein. Sie schmeißen nicht einfach alles, was Sie haben, in der Mitte vom Wohnzimmer auf einen Haufen. Was ich damit sagen will: Leerer Raum ist nicht per se nützlich. Struktur und Ordnung entspannen dann, wenn alles seinen festen Platz hat.

Sie entscheiden, was Platz in Ihrem Gehirn bekommt und was nicht. Sie wollen wissen, wo Sie etwas wiederfinden. Früher konnten Sie, als im Jugendzimmer alle Kleidung getragen auf einem Haufen lag und der Schrank schon lange leer war, den Stapel durchsuchen, was noch am ehesten tragbar war. Im Gehirn geht das nicht. Wir wissen überhaupt nicht, ob die Information noch da ist. Geschweige denn, wo Sie suchen müssen. Oder wie. Die gute Nachricht: Der Raum im Kopf ist da. Wir müssen ihn nur einrichten! Das machen wir in diesem Kapitel.

In Gedächtnistrainersprache: Sie lernen jetzt die Routenmethode kennen (auch als *Loci-Methode* bekannt). Wir beginnen mit einer einfachen Übung zu dieser Methode, der Körperliste. Danach gehen wir einen Schritt weiter und bauen gemeinsam Ihren ersten Gedächtnispalast!

Gut zu wissen: Place Cells und Grid Cells

2014 gewannen die Neurowissenschaftler John O'Keefe, May-Britt Moser und Edvard I. Moser den Nobelpreis für Physiologie oder Medizin »für die Entdeckung von Zellen, die ein Positionierungssystem im Gehirn bilden«, wie es hieß. Damit sind die sogenannten Place Cells (Ortszellen) und Grid Cells (Rasterzellen) gemeint.[18]

Place Cells befinden sich im Hippocampus. John O'Keefe und sein Team nahmen die Signale einzelner Neuronen bei Mäusen auf, während die Tiere in einer Dose oder einem Labyrinth umherliefen. Es zeigte sich, dass es Neuronen gibt, die immer am gleichen Ort ein Signal senden. Am Beginn dieses Jahrtausends fanden die Mosers in der entorhinalen Hirnrinde, die in der Nähe des Hippocampus liegt, eine andere Art von Hirnzellen: Grid Cells. Auf den ersten Blick scheinen sich diese ähnlich zu verhalten wie Place

Cells: Sie geben ortsgebundene Signale ab. Anders als Place Cells aber reagieren Grid Cells nicht auf einen festen Ort in der Umgebung. Wenn die Maus durch ein offenes Gebiet navigiert, feuern die Grid Cells an verschiedenen Orten, aber in einem festen, regelmäßigen, hexagonalen Muster. Zusammen werden die Place Cells und Grid Cells als unser Positionierungssystem angesehen, unserem inneren Navi.

Weitere Forschung macht deutlich, dass wir aber noch viele weitere spezialisierte Hirnzellen haben. Es wird immer klarer, wie diese Zellarten zusammenspielen. Das ist für unsere Ziele interessant, weil viele dieser Zellen nicht zufällig im oder beim Hippocampus, also im limbischen System, zu finden sind. Wie Sie schon wissen, ist diese Gehirnregion sehr wichtig für das Erstellen neuer Erinnerungen. Diese Zellen spielen vermutlich eine große Rolle bei der Gedächtnisbildung. Andere Hirnforscher sind etwa der Meinung, dass unser Gehirn mit seinem Positionierungssystem nicht nur die Umgebung kartiert, sondern auch kognitive Karten erstellt. Auch Wissen und Informationen werden so eingeordnet. Die Routenmethode als ortsbasierte Gedächtnistechnik, die wir in diesem Buch verwenden, ist daher kein »künstliches Gedächtnis« (wie es noch die alten Römer nannten im Vergleich mit »dem natürlichen Gedächtnis«), sondern im Gegenteil genau die Art, wie unser Gehirn von selbst arbeitet, um besser zu lernen und zu funktionieren.

Schneller merken mit der Körperliste

Sie haben im vorherigen Kapitel Ihre ersten Peg-Listen gelernt. Das Problem ist nur, dass diese nicht immer logisch oder mit Ihrem persönlichen Vorwissen verbunden sind. Sie haben auch keine räumliche Komponente. Peg-Listen funktionieren. Es geht jedoch noch besser. Daher lernen Sie hier die Routenmethode. Die Routenmethode bedeutet: neue Listen, mit Ort! Mehr Platz im Gehirn!

Die Liste, die ich in meinen Vorträgen am häufigsten verwende, um die Routenmethode einzuführen, ist die Körperliste. Ich verwende diese so gerne, weil sie so einfach ist und immer funktioniert. Außerdem haben Sie Ihren Körper immer dabei. Sie wissen auch schon, wie der Körper aufgebaut ist. Sie wissen, wie er aussieht. Sie müssen ihn nur noch nummerieren. Das tun wir jetzt. Wir machen eine Liste von zehn Wegpunkten am Körper entlang. Von unten nach oben.

Gut zu wissen: 10er-Listen

Eine Liste von zehn ist für uns leichter zu behalten als eine Liste von 9 oder 13. Zehn Punkte sind übersichtlich und fühlen sich für uns logisch an. Wahrscheinlich ist das so, weil unser Zahlensystem dem Dezimalsystem folgt. Das System ist international akzeptiert. Darum fühlen sich in 10er-Gruppen aufgeteilte Listen weltweit für die meisten Menschen gut an. Selbst für Amerikaner, die sonst auch in anderen Systemen denken, wo etwa 12 Inches ein Fuß sind, drei Fuß ein Yard und 1760 Yard eine Meile.

Ich habe für meine Körperliste folgende 10 Punkte gewählt:

1. Füße
2. Knie
3. Oberschenkel
4. Po
5. Bauch
6. Brust
7. Schultern
8. Hals
9. Mund
10. Augen

Lesen Sie sich die Liste dreimal langsam durch und stellen Sie sich dabei Ihren Körper vor. Schließen Sie dann die Augen und schauen Sie, ob Sie die Liste auswendig aufsagen können und dabei zugleich eine Vorstellung Ihres Körpers haben. Klappt das noch nicht sofort, wiederholen Sie die Liste, bis Sie diese mühelos aufzählen können.

Auf der Körperliste können nun wie auf den Peg-Listen Schlüssel aufgehängt werden. Probieren Sie, ein Gefühl von Räumlichkeit zu verwenden. Während die Bilder auf der Peg-Liste noch komplett unabhängig voneinander waren, sind die Punkte der Körperliste räumlich miteinander verbunden. Sie wissen dann, dass von unten nach oben die Knie auf die Füße folgen und können in Ihrer Vorstellung schon die Knie sehen, wenn Sie noch an die Füße denken. Um sich nun Inhalte leicht und sicher einzuprägen, stellen Sie sich der Reihenfolge nach Bilder auf den Punkten der Körperliste vor, mit räumlicher Interaktion. Sie wollen von einer Einkaufsliste die Milch behalten? Denken Sie dann nicht nur: »Eine Flasche Milch steht auf dem Fuß.« Stellen Sie sich besser vor, dass Sie die Milch über Ihre Füße verschütten oder mit dem Fuß die Flasche umtreten. Sie können mit dieser

Technik sowohl Langzeitgedächtnis aufbauen als auch das Arbeitsgedächtnis erweitern. Wie das gelingt, zeige ich Ihnen nun in einem praktischen Beispiel.

Eine Übung zur Körperliste

Sie stehen morgens in der Küche. In Gedanken gehen Sie den Tag durch und kommen auf allerlei Aufgaben, die noch erledigt werden müssen. Um sich diese zu merken, machen Sie sich für jede Aufgabe einen Gedächtnisschlüssel. Diese Schlüssel legen Sie dann auf Ihre Körperliste.

Als Beispiel folgende Liste mit zehn To-dos:

- Biotonne an die Straße stellen
- Tante Hanna anrufen, um zum Geburtstag zu gratulieren
- Bargeld aus dem Automaten ziehen
- Tochter eine Stunde eher von der Kita holen
- Termin mit ihr um 15 Uhr beim Kinderarzt
- Augentropfen mitnehmen
- Hausgaben der Kinder kontrollieren
- Sohn um 17 Uhr zum Fußballtraining bringen
- Ihm die unterschriebene Einverständniserklärung für das Turnier mitgeben
- Eine Extraportion beim Abendessen zubereiten und einfrieren (morgen keine Zeit zu kochen)

Für jede Aufgabe suchen Sie sich einen Schlüssel und hängen diesen auf. Stellen Sie sich dafür eine kurze Geschichte vor, durch die Sie sich an den Schlüssel und damit an das To-do erinnern. Je lebendiger Ihre Bilder, umso besser. Stellen Sie sich vor, wie die Dinge räumlich auf Ihrer Körperliste angeordnet sind. Hier unten finden Sie meine Ideen. Haben Sie andere? Verwenden Sie Ihre! Was aus Ihrem Gehirn kommt, funktioniert für Sie selbst meist am besten.

1. Ich laufe barfuß über Bioabfall. Alte Tomaten, Bananenschalen, Reste von Kaffeesatz. Ich finde es ziemlich eklig, ich bin davon angewidert.
2. Auf meinen Knien sitzt ein Hahn *(Schlüssel für Tante Hanna)* mit einem Telefon.
3. Ich fühle heftigen Druck auf beiden Oberschenkeln. Ich sehe, dass beide Hosentasche randvoll sind. Womit? Geld! Wie schön. Ganz viele Münzen. Später hole ich doch besser Scheine.
4. Auf meinem Po ist ein Tattoo. Ich erschrecke! Was ist gestern Nacht noch alles passiert? Ich schaue das Tattoo genauer an. Es ist ein kindliches Bild einer Uhr, die steht auf 15 Uhr. Puh, wohl doch nur von der Tochter mit Edding aufgemalt und kein Tattoo.
5. Ich höre meinen Magen knurren. Hunger? Da steht auch schon die Kinderärztin vor mir und fühlt meinen Bauch. »Alles gut, aber ich empfehle, drei Happen zu essen!«
6. Tränen tropfen aus meinen Augen auf die Brust. Oder gar aus der Brust?
7. Meine Schultern fühlen sich so schwer an. Ich sehe den Berg Hausaufgaben, der auf beiden Schultern lastet. Da kann man schon Mitleid haben mit den Kindern.
8. Ich denke an meinen Hals und fühle, dass dieser angeschwollen ist. Nicht ein bisschen, sondern enorm! Ein Fußball steckt in meinem Hals! Mit meiner Hand (*Bild für 5 beziehungsweise 17 Uhr*) schaffe ich es, ihn rauszuziehen.
9. Weil ich den Ball noch in den Händen habe, muss ich mit den Mund den Stift packen und das Fußballturnier-Anmeldeformular unterschreiben.

10. Ich stelle mir vor, wie meine Augen Eis sehen. Vielleicht schießen sogar Eisstrahlen aus den Augen. Kennen Sie den Film *Die Eiskönigin (Frozen)?* Hiervon der eisigste Moment, so in etwa sehe ich das vor mir.

Gehen Sie auch diese Liste wieder mindestens zweimal langsam durch und stellen Sie sich diese Bilder so gut wie möglich vor. Lesen Sie nicht nur, sondern probieren Sie es so zu sehen, als wenn es echt wäre, so absurd die Bilder teilweise auch sind! Fertig? Versuchen Sie dann – ohne ins Buch zu schauen –, alle Schlüssel auf der Köperliste zu finden und sich zu erinnern, für welche Aufgaben diese stehen. Vielleicht denken Sie bei Punkt 6: »Kann ich die Augentropfen dann nicht besser gleich bei den Augen platzieren?« Nein! Die Liste hat eine feste Reihenfolge. Ist der sechste Punkt Augentropfen, dann müssen Sie sich etwas bei der Brust überlegen, nicht bei den Augen. Das ist wichtig, sonst verlieren Sie einen der Vorteile der Routenmethode, nämlich dass Sie die Reihenfolge automatisch richtig haben.

Gut zu wissen: Emotionen

Ihnen ist sicher aufgefallen, dass ich in den Beispielen wie etwa in der Übung zur Körperliste viele Emotionen anspreche. Ich stelle mir vor, wie ich erschrecke, weil plötzlich ein Tattoo auf meinem Po ist. Dieses Gefühl versuche ich mir so stark vorzustellen, als wenn das gerade wirklich passiert. Ich habe keine Tattoos und der Gedanke, dass ich einen solchen Vollrausch hatte, dass ich mich habe tätowieren lassen, ohne mich dran zu erinnern, ist für mich schrecklich. Wenn wir neben Ortsinformation und Bild auch Emotionen in unsere Vorstellungen übernehmen, machen wir die neuen Erinnerungen noch stärker und authentischer, weil beim Erleben unseres Alltags Emotionen und Gefühle immer mit dabei sind. Es gibt dann noch mehr Verbindungen, wodurch wir uns noch besser daran erinnern.

Die Körperliste war ein kleines Beispiel für die Routenmethode. Die beste Art und Weise, um mit dieser Technik langfristig zu arbeiten, sind Listen an Orten, die Sie kennen. So eine Liste kann verschiedene Namen haben. Ich nenne sie oft »Routen«, weil es Routen mit Wegpunkten sind. Geht die Route durch ein Gebäude, wird sie oft Gedächtnispalast genannt.

Gedächtnispalast – Informationen bekommen ihren Platz

Die Gedächtnistechnik »Gedächtnispalast« (englisch: »Mind Palace« oder »Memory Palace«) ist in letzter Zeit wieder vermehrt im Gespräch – nicht zuletzt durch die Popkultur wie etwa die BBC-Serie *Sherlock Holmes* und andere Programme, in denen Protagonisten Gedankenpaläste gebrauchen. Entdeckt haben diese Technik bereits die alten Griechen.

Gut zu wissen: Wie Simonides von Keos die Gedächtnistechnik entdeckte

Glaubt man dem Mythos, den schon die alten Griechen und Römer erzählten, hat Simonides von Keos die Gedächtnistechnik entdeckt oder erfunden. Er lebte ungefähr 500 Jahre vor Christus und war Poet, Autor und Dozent. Heute würde man vielleicht sagen, er war Speaker.

So war er eines Tages als Hauptredner auf einem Bankett gebucht, als ein tragisches Ereignis passierte. Der Festsaal stürzte ein, als er gerade draußen war, mutmaßlich infolge eines Erdbebens. Viele Menschen verloren ihr Leben. Simonides realisierte, dass er sich in Gedanken vorstellen konnte, wie der Festsaal aussah, einschließlich wer wo saß. Auf diese Weise konnte er den Hilfskräften Hinweise geben, wer draußen nicht zu sehen war und wohl noch unter dem Schutt begraben lag. Er erinnerte sich, wo die Person vorher im Raum saß und wo sich das Suchen am ehesten lohnte. Auch konnte er dabei helfen, die Opfer zu identifizieren. Das gelang ihm, weil er sich bildhaft vorstellen konnte, wer wo gewesen war, als er vorher durch den Saal lief. Er bemerkte, dass es ihm gelang, vor dem geistigen Auge noch mal durch den Festsaal zu gehen und sich so an diese Details zu erinnern.

Später wurde ihm klar, dass er sich auf diese Art allerlei Dinge vorstellen kann, egal ob diese real sind oder nie waren. So merkte er sich viel mehr als seine Mitmenschen und wurde bekannt als Urvater der Mnemotechniken und Gedächtniskunst.

Ein Gedächtnispalast ist in erster Linie eine Route mit fester Reihenfolge und festen Wegpunkten oder Gegenständen. Es klappt am besten, wenn diese Route durch eine Umgebung führt, die Sie schon gut kennen, die also schon in Ihrem Langzeitgedächtnis ist. Ich empfehle, dass Sie Ihre Wohnung oder Ihr Haus zu Ihrem ersten Gedächtnispalast werden lassen. Wohnen Sie in einem kleinen Studentenzimmer oder in einem Studio? Wahrscheinlich reicht selbst das, oder nehmen stattdessen Ihr Elternhaus. Eine Route durch eine bekannte Umgebung bedeutet auch, dass Sie Ihren Gedächtnispalast gar nicht lernen müssen. Sie kennen ihn schon! Ihre Wohnung kennen Sie ähnlich gut wie Ihren Körper. Sie haben nur die Wegpunkte nie durchgezählt.

Wir beginnen mit einer Übung zum Warmwerden: Lesen Sie diesen Abschnitt eben noch zu Ende und danach schließen Sie die Augen (andersrum wäre schwierig). Stellen Sie sich dann bitte vor, dass Sie vor der Eingangstür zu Ihrem Zuhause stehen. Sie stehen draußen, die Tür ist noch zu. Jetzt stecken Sie den Schlüssel ins Schloss und öffnen die Tür. Stellen Sie sich bitte vor, was Sie dann sehen: Erst einen Flur vielleicht? Das ist zumindest in Deutschland üblich. Jackenhaken, Tür zum Gäste-WC? Gehen Sie ein Stück weiter in Ihr Haus oder Ihre Wohnung und stellen Sie sich vor, wie Sie durch die verschiedenen Zimmer gehen und was Sie dort sehen.

Wie gut klappt das? Die einen sehen einen richtigen Film vor Augen, andere nicht. Aber jeder weiß, wie die eigene Wohnung aufgeteilt ist. Sogar Männer wissen, ob da Fliesen im Flur sind oder ein Teppichboden. Sie wissen wahrscheinlich nicht, wie viele Fliesen es sind. Aber können Sie sich eine davon vorstellen? Alle diese Informationen sitzen also schon in Ihrem bildhaften und räumlichen Gedächtnis. Es wird Zeit, dass Sie davon Gebrauch machen. Aber zuerst müssen wir Ihren Gedächtnispalast anlegen, danach wird er nützlich. Die Abfolge der Wegpunkte muss im Langzeitgedächtnis sicher sitzen, dann wird sie zu einem großartigen Werkzeug für Gedächtnisleistungen, von denen die meisten Menschen nur träumen. Dann haben Sie allen Platz im Gehirn, den Sie sich wünschen.

Bereiten Sie Ihren Gedächtnispalast vor

Schritt 1 ist die Vorbereitung. Sie »bauen« Ihren ersten Gedächtnispalast. Sie laufen durch Ihr Haus oder Ihre Wohnung und nehmen auffallende Dinge wahr. Idealerweise machen Sie das physisch. Wenn Sie zu Hause sind, gehen Sie durch Ihre Wohnung. Machen Sie in jedem Zimmer dieselbe Runde, mit oder gegen den Uhrzeigersinn. Springen Sie nicht hin und her, nicht zwischen Zimmern, auch nicht innerhalb eines Zimmers. Gehen Sie am besten so durch die Wohnung, wie es im Alltag auch realistisch ist. Einer der großen Vorteile dieser Gedächtnistechnik ist, dass Sie sich in der Zukunft beim Einprägen keine Sorgen über die Reihenfolge mehr machen müssen. Das ist sehr wertvoll, weil normalerweise Reihenfolge beim Lernen für unser Gedächtnis besonders schwierig ist. Aber das funktioniert natürlich nur dann, wenn Ihr Gedächtnispalast auch eine einigermaßen logische Reihenfolge hat und Sie diese festhalten.

Jetzt nicht erschrecken: Sie werden 50 Wegpunkte lernen. Ja, fünfzig. Fünf mal zehn. Aber keine Sorge: Ihr Gehirn ist dafür gemacht! Teilen Sie die 50 Punkte sinnvoll auf. Meine Empfehlung: zehn pro Zimmer. In einer üblichen Wohnung oder einem Einfamilienhaus können zehn in den Flur/Eingangsbereich, zehn ins Schlafzimmer, zehn ins Wohnzimmer, zehn ins Bad und zehn in die Küche. Sind bei Ihnen Wohnzimmer und Küche ein Raum, dann teilen Sie diesen in zwei Hälften und legen Sie pro Hälfte zehn Punkte an. Ist der Flur zu klein, dann nehmen Sie zehn Punkte draußen vor der Eingangstür, im Treppenhaus bei Mehrfamilienhäusern oder die Straße runter.

Eine Regel noch: Mitschreiben verboten! Sonst liegt Ihr Fokus nicht innen, sondern außen. Statt auf dem Merken, auf dem Aufschreiben. Sie wollen aber die Route in den Kopf kriegen. Nach zehn Punkten, also nach einem Zimmer, wiederholen Sie alle Punkte, die Sie schon haben, gedanklich. Laufen Sie den Weg durch Ihren Palast im Kopf noch mal ab, nennen und zählen Sie dabei die Punkte. Nicht zu schnell, nehmen Sie sich die Zeit; diese Investition lohnt sich! Wenn Sie 50 Punkte angelegt haben und diese auswendig aufsagen können, lückenlos und in der richtigen Reihenfolge, dann dürfen Sie diese aufschreiben. Aber erst dann. Das Aufgeschriebene ist dann Ihr »Back-up«. Vermutlich werden es die meisten nie nötig haben.

Hier sind noch ein paar Tipps, was für mich besonders gut funktioniert oder gerade nicht:

- Wählen Sie Punkte für Ihre Route, die nicht sehr groß, aber auch nicht superklein sind. Sie möchten sich später Szenen und kleine Geschichten auf diesen Punkten vorstellen. Ein Knopf, auch wenn der immer da auf dem Schrank liegt, ist zu klein. Damit kann man schwer etwas verbinden. Eine komplette Wohnzimmerschrankwand ist dagegen vielleicht schon zu groß. Die Gefahr ist, dass Sie später nicht mehr sicher sind, ob Sie das Bild nun im Schrankfach, am Fernseher oder auf dem Schrank platziert hatten. Gut geeignete Dinge, die es möglicherweise in Ihrer Wohnung gibt und welche die richtige Größe haben: Fernseher, Sofa, Stuhl, Tisch, Lampe, Kühlschrank, Ofen, Herd, Toilette, Waschbecken, Bett, Schreibtisch, Spiegel, Fenster, Foto an der Wand, Treppe, Pflanzen, Tür, Kamin und so weiter.

- Wählen Sie eindeutige und einzigartige Punkte. Sie können sicherlich mehrere Lampen oder mehrere Stühle in Ihrem Gedächtnispalast haben. Aber bitte vermeiden Sie, zweimal die gleiche Lampe zu nehmen, oder zwei- oder mehrmals den gleichen Küchenstuhl. Sonst ist die Gefahr gegeben, dass die Reihenfolge doch wieder verloren geht, wenn Sie sich fragen: Saß auf dem Stuhl jetzt die Königin oder saß die auf dem anderen? War diese runde Lampe jetzt in Folie gewickelt oder war das die, die der Dinosaurier auffrisst? Wenn Sie jetzt nur Bahnhof verstehen, keine Sorge: Was solche Bilder bedeuten können, lernen Sie später.
- Wählen Sie Objekte mit festem Ort. Unbewegliche Gegenstände sind gut, aber auch ein Rollwagen ist kein Problem, wenn der nach dem Gebrauch immer an dieser Stelle geparkt wird.
- Falls Sie sich mal dazu entscheiden, Ihr Haus neu einzurichten, ist das auch kein Problem. Verändern Sie Ihren Gedächtnispalast dann aber nicht. Meine ersten Gedächtnispaläste sind bei meinen Eltern zu Hause. Ich wohnte damals noch dort, als ich als Abiturient mit dem Gedächtnistraining begann. Das Haus hat sich seitdem natürlich deutlich verändert. Mein Kinderzimmer von damals ist längst der Ruheraum meines Vaters und wenn wir zu Besuch kommen, schlafen wir im Gästezimmer. Das war damals aber noch das Zimmer meines Bruders. In meinem Kopf sieht es allerdings so aus wie früher. Ich laufe durch das Haus, wie es damals aussah, als ich den Gedächtnispalast gebaut habe.
- Bleiben Sie im Hellen oder machen Sie das Licht an. Das ist jetzt nicht als Witz gemeint. Ich habe im Lauf der Zeit immer wieder bemerkt, dass es Routenpunkte in meinen Gedächtnispalästen gab, bei denen es eher dunkel war, als ich sie angelegt habe. Zum Beispiel die Ecke hinter dem Gartenhaus oder unten an der Kellertreppe. Im Lauf der Zeit hat sich für

mich gezeigt: Diese Punkte funktionieren tatsächlich weniger gut, was bedeutet, dass ich mehr Probleme habe, mir da etwas vorzustellen oder die Bilder eher vergesse als andere.

- Behalten Sie eine natürliche Blickrichtung bei. Das knüpft an der Regel an, die ich anfangs nannte: Verwenden Sie eine logische Reihenfolge. Gerne dürfen Sie einen Teppich und eine Deckenlampe in Ihrem Gedächtnispalast haben. Aber eher nicht direkt als Wegpunkte nacheinander. Auch diese Erfahrung habe ich selbst gemacht: Dass ich vielleicht in einem Zimmer schnell neun Punkte hatte, aber jetzt noch einen zehnten brauchte und mich dann umschaute. »Ah, da an der Decke hängt noch eine Girlande vom letzten Fest. Das ist auffällig, die nehm ich!« Leider war das dann am ehesten der Punkt, der mir doch entfiel. Weil die vorherigen Punkte eine klare Reihenfolge hatten und jeweils im Blickfeld vom vorherigen und nächsten Punkt waren. Bin ich dann bei Punkt 9, schaue ich, ob ich dort in der Nähe den zehnten Wegpunkt anlege. Laufen Sie daher am besten durch die Wohnung, richten Sie Ihren Blick gerne mal nach oben und mal nach unten, aber springen Sie nicht plötzlich hin und her. Halten Sie den Fokus in Ihrer Vorstellung. Sie wissen jetzt, was zu tun ist. Tun Sie es bitte. Ich kann das nicht für Sie übernehmen. Einfach loslegen, das funktioniert am besten. Perfektionismus ist hier fehl am Platze!

Eine erste Wortliste lernen

Herzlichen Glückwunsch! Sie sind nun im Besitz Ihres ersten Gedächtnispalastes! Und er hat gleich 50 Punkte! Wir schauen jetzt, was Sie damit alles anfangen können.

Schauen Sie jetzt einmal auf dieses Bild. Das ist eine Gedächtnispalastküche.

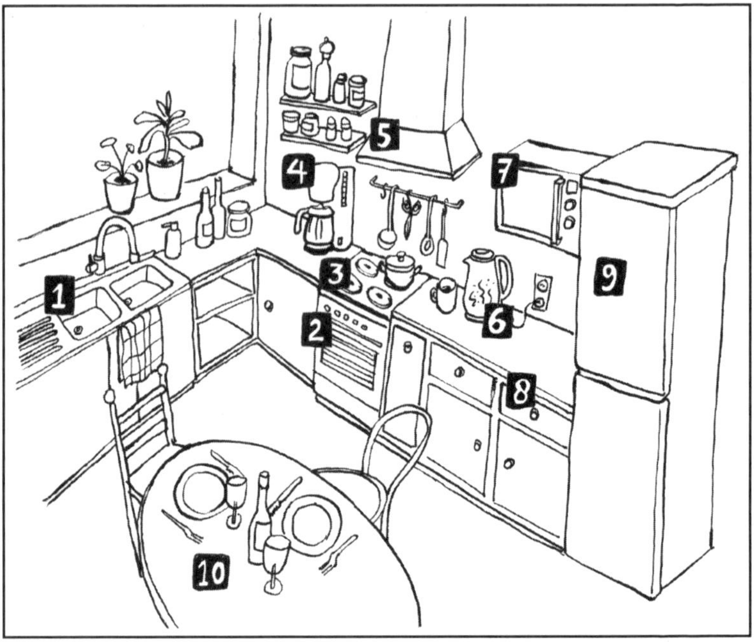

Spüle, Ofen, Herd, Kaffeemaschine, Dunstabzugshaube, Wasserkocher, Mikrowelle, Besteckschublade, Kühlschrank, Küchentisch

Für diese Übung verwende ich diese Punkte, um zu erklären, wie Sie mit einem Gedächtnispalast etwas lernen. Im »echten Leben« verwenden Sie später Ihre eigenen Schlüssel und Ihren eigenen Gedächtnispalast. Da ich diesen natürlich nicht kenne, nur zum Verständnis hier diese generische Küche. Lassen Sie uns diese ausprobieren und mit einem Beispiel und 20 Worten beginnen.

1. Schwan
2. Ei
3. Viertel
4. Milch
5. Waage
6. Mehl
7. Würfel
8. Mineral
9. Priester
10. Zucker

11. Salzstreuer
12. Öl
13. Teich
14. Mixer
15. Kanzler
16. Reich
17. Pfanne
18. Geschenk
19. Seite
20. Braun

Zehn Punkte, zwanzig Wörter. Ich lerne also zwei Wörter pro Punkt. Das ist nicht immer am besten, aber gerade beim schnellen Einprägen halte ich mich oft daran. Beachten Sie auch die Reihenfolge. Wir wollen die Worte genauso wiedergeben können, wie sie hier oben stehen. In der Beispielküche als Gedächtnispalast mache ich das wie folgt. Bitte stellen Sie sich folgende Bilder vor!

1. Spüle – Schwan und Ei
   Ich schaue in die Spüle und bin erstaunt: Darin sitzt ein Schwan und brütet ein Ei aus!
2. Ofen – Viertel und Milch
   Dann eben mit dem Ofen weiter. Oh je, der ist dreckig. Aber komisch, nur eine der vier Ecken – da ist ein großer Fleck übergeschäumter Milch.
3. Herd – Waage und Mehl
   Auf dem Herd steht eine Waage. Zum Glück ist die Herdplatte aus. Es ist eine alte Apothekerwaage mit Schalen und Gewichten. Die eine Schale ist aber komplett voll mit Mehl und alles ist staubig.
4. Kaffeemaschine – Würfel und Mineral
   Aus der Kaffeemaschine kommen dauernd Spielwürfel geflogen. Ich nehme ein paar und stelle fest, dass die alle aus verschiedenen Mineralen gemacht sind. (Wenn es Ihnen schwerfällt, sich unter Mineral etwas vorzustellen, dann können Sie die Würfel in Ihrer Vorstellung auch sammeln und in Mineralwasser legen.)

5. Dunstabzugshaube – Priester und Zucker
   Die Dunstabzugshaube stinkt und qualmt. Daneben steht ein Priester. Er erklärt sich: »Ich wollte Zucker karamellisieren, aber der ist verbrannt und jetzt geht der Rauch nicht weg.«
6. Wasserkocher – Salzstreuer und Öl
   Der Wasserkocher ist voll mit Salz. Aber kein gewöhnliches Speisesalz. Was auch immer es ist: Wenn Sie versuchen, es wegzuwischen, wird es ganz ölig.
7. Mikrowelle – Teich und Mixer
   Aus der Mikrowelle tropft es. Unter der Mikrowelle ist bereits eine große Pfütze. Ach was sag ich, Pfütze, ein ganzer Teich ist da! Mit dem Handmixer versuchen Sie, das Wasser umzurühren. Warum? Keine Ahnung. Aber wir merken uns: Teich und Mixer
8. Besteckschublade – Kanzler und Reich
   In der Besteckschublade haben Sie Sammelbilder der deutschen Bundeskanzler. Jemand fragt Sie, warum? Die sind so viel wert, wenn ich noch etwas warte und sie dann verkaufe, dann bin ich reich!
9. Kühlschrank – Pfanne und Geschenk
   Sie öffnen den Kühlschrank und da steht eine Pfanne drin. Die kennen Sie gar nicht. Sie ist auch brandneu und mit einer roten Schleife hübsch eingepackt. Die hat Ihnen wohl jemand als Geschenk dagelassen.
10. Küchentisch – Seite und Braun
   Auf dem Küchentisch liegt eine Zeitung. Eigentlich nur eine Seite der Zeitung. Sie wollen nachsehen, was da steht, aber alles ist ganz braun und nicht mehr leserlich.

Bitte gehen Sie alle Bilder zweimal ganz in Ruhe durch. Schließen Sie bei jedem Punkt kurz die Augen und versuchen, die beschriebenen absurden Szenen so gut wie möglich zu sehen oder sich vorzustellen. Blättern Sie dann zurück zur abgebildeten Küche und gehen die zehn Punkte entlang. Welche zwei Worte gehören jeweils zu den Punkten? Es ist überhaupt nicht schlimm, wenn Sie nicht gleich alle 20 wissen. Sie fangen ja gerade erst mit dem Gedächtnistraining an. Freuen Sie sich aber bitte bewusst über alle Punkte, die Ihnen einfallen! Bei denen, die Sie nicht wissen, schlagen Sie nach und überlegen: Woran lag es? War das Bild nicht stark genug? Habe ich vielleicht selbst eine bessere Idee, was ich mir für die beiden Begriffe an dieser Stelle vorstellen kann? Wenn Sie dann durch sind, schauen Sie noch einmal auf das Küchenbild. Wie viele Worte wissen Sie jetzt?

Sie haben übrigens gerade, ohne es zu wissen, ein Pfannkuchenbasisrezept gelernt. Die 20 Worte waren meine 20 Schlüssel für folgendes Rezept:

Zutaten

- 2 Eier – Schwan / Ei
- 250 ml Milch – Viertel / Milch
- 250 g Mehl – Waage / Mehl
- 60 ml Mineralwasser – Würfel / Blasen
- 1 Prise Zucker – Priester / Zucker
- 1 Prise Salz – Salzstreuer
- Öl

Anweisungen

Alles zu einem glatten Teig (*Teich*) rühren (*Mixer*). Bei Bedarf noch etwas Mehl oder Wasser hinzugeben, um die gewünschte Konsistenz (*Kanzler*) zu erreichen (*reich*). Eine beschichtete Pfanne mit etwas Speiseöl erhitzen (*Pfanne*). Eine Schöpfkelle Teig in die Pfanne geben und kurz in jede Richtung schwenken (Geschenk). Den Pfannkuchen beidseitig (Seite) bräunlich (braun) ausbacken.

Laut meiner Googlesuche soll das Rezept für Pfannkuchen das meistgesuchte Rezept in Deutschland sein. Sie können sich die Suche sparen, Sie kennen es jetzt schon!

Ich habe ein paar der Schlüssel bewusst so gewählt, dass Ihnen nicht gleich auffällt, worum es ging. Statt Teich für Teig würde ich mir im Normalfall auch direkt ein Bild für Teig ausdenken. Was egal ist: Wie wir sehen, funktioniert es mit Teich genauso gut!

Eine Ansprache halten

Was können Sie, außer sich Rezepte merken, noch mit einem Gedächtnispalast machen? Sehr viel! Zum Beispiel eine Rede frei und ohne Notizen halten. Rhetoriker im alten Griechenland und Rom merkten sich nicht nur das Wissen ganzer Bibliotheken in ihren Gedächtnispalästen. Sie waren auch besonders gut darin, sich lange Reden einzuprägen. Auch heutzutage wird eine Ansprache oder ein Vortrag ohne Notizen immer überzeugender wirken, als wenn es abgelesen wird oder der Blick immer wieder auf den Notizzettel fällt. Wer frei spricht, kann besser Kontakt mit dem Publikum halten und wird als kompetenter eingeschätzt.

Nehmen wir ein Beispiel aus dem privaten Bereich. Sie sind umgezogen. Um sich und Ihr neues Heim vorzustellen, laden Sie zu sich ein. Sie möchten ein paar Dinge sagen, bevor es geselliger wird. Vor allem möchten Sie nicht vergessen, sich bei den hilfreichsten Personen zu bedanken und Ihre neuen Nachbarn namentlich zu erwähnen. Sie bereiten also Ihren Text vor. Machen Sie dann Gedächtnisschlüssel für die wichtigsten Punkte und Namen und hängen Sie diese in Ihren Gedächtnispalast. Weil Sie vermutlich gerade nicht umgezogen sind, habe ich etwas für Sie vorbereitet:

- »Großen Dank an meinen Bruder, der noch bis gestern geholfen hat, die Veranda fertigzustellen.« Schlüssel: Bruder mit Holzlatten in seinen Händen. Stellen Sie sich vor, was er auf dem ersten Platz Ihres Gedächtnispalastes mit diesen Latten machen könnte.
- »Ebenso großer Dank an meine gute Freundin Anne und Ihren neuen Partner Torsten, die uns beim Streichen geholfen haben.« Schlüssel: Anne kennen Sie schon. Anne ist daher ihr eigenes Bild. Stellen Sie sich die Freundin vor, wie sie Platz 2 in Ihrem Palast streicht. Torsten haben Sie vielleicht erst kennengelernt. Hier ist ein Schlüssel für den Namen zur Sicherheit hilfreich. Vielleicht: Torte für Torsten. Stellen Sie sich vor, wie Torsten mit Anne die Wohnung streicht und ihr dann eine Torte überreicht. »Zur Stärkung!«
- »Tante Inge ist extra aus ihrem Urlaub in Scheveningen gekommen, um heute dabei zu sein!« Schlüssel: Tante Inge ist ihr eigener Schlüssel, für Scheveningen können Sie an Möwen und Frikandel denken, falls Sie den Ort kennen und mit Strandurlaub in Holland verbinden. Oder Sie wählen wieder Schlüssel nach dem Klang, etwa: »schief singen«. Oder beides: Tante Inge steht mit Frikandel in der Hand schief singend vor Platz drei Ihres Gedächtnispalastes.
- »Hallo Linda und Pietro, unsere neuen Nachbarn! Schön, dass wir uns schon kennenlernen durften.« Schlüssel: Linde de Mol und Pietro Lombardi. Beide machen etwas auf Platz vier Ihres Gedächtnispalastes.
- »Der Grill ist schon angeheizt. Für Veganer und Vegetarier haben wir vegetarische Spieße und die linke Hälfte des Grills reserviert.« Schlüssel: Ein Grill halb gefüllt mit Kohle, halb mit Gemüse. Stellen Sie ihn auf Platz 5.

Wahrscheinlich haben mehr als nur fünf Menschen geholfen. Zum Glück hat Ihr Palast auch 50 und nicht nur fünf Plätze. Das kann eine lange Ansprache werden, komplett aus Ihrem Gedächtnis. Denken Sie noch: »Ich verstehe, wie ich beim Vorbereiten die Bilder in meiner Vorstellung im Gedächtnispalast mit den Wegpunkten verbinden kann. Ich verstehe auch, dass ich mir beim Vortragen den Weg erneut vorstellen muss. Aber dauert das nicht viel zu lange beim Reden?« Glücklicherweise nicht! Weil Sie Ihren Gedächtnispalast gut vorbereitet haben, ist es ganz einfach, dort hineinzuspringen und auch gleich wieder raus, während Sie reden. Wo nötig, schauen Sie auf den nächsten Punkt und das dort abgelegte Bild. Die meisten Menschen reden sowieso zu schnell, wenn sie vor einer Gruppe sprechen. Eine kurze Pause, um das nächste Bild aus dem Palast zu holen, ist da eher nützlich. Und wenn Sie schließlich täglich ein wenig üben und 30 Tage lang die Aufgaben aus Kapitel 6 erledigen, geht Ihnen diese Art zu denken ohnehin in Fleisch und Blut über und Sie werden sehr schnell.

Ein Projektzimmer

Sind Sie in Ihrer Arbeit Mitglied in verschiedenen Projektteams? Vielleicht sind Sie sogar Projektleiterin oder Führungskraft und immer wieder mit verschiedenen Teams und Projekten beschäftigt, die kurz relevant sind, aber nicht täglich auf der To-do-Liste stehen?

Vielleicht sind Ihre Projekte eher privater Art? Im Verein, im Club, in der Kommunalpolitik oder beim Organisieren von Veranstaltungen im Freundeskreis oder in der Nachbarschaft? Die Zeit, die verloren geht, weil sich alle zu Beginn des nächsten Treffens erst wieder erinnern müssen, worüber beim letzten Mal gesprochen wurde, ist oft sehr lang. Erst recht, wenn alle erst das Protokoll lesen müssen, das wieder mal kurz vorher verschickt wurde.

Spontane Teamtreffen, wenn man sich zufällig in der Kantine sieht, bringen auch nichts, weil keiner noch genug Details weiß, um dann überhaupt etwas tiefer gehend ohne Notizen und Dokumente zu besprechen. Was nicht regelmäßig oder gar täglich auf den Tisch kommt, erhält auch in Ihrem Kopf keinen Platz. Außer Sie räumen dem Thema oder Projekt bewusst diesen Platz ein.

Meine Empfehlung: Geben Sie jedem relevanten Projekt einen festen Platz in Ihrem Gedächtnispalast. Es ist nicht wichtig, welchen. Logisch ist das ohnehin nicht, aber hilfreich. Haben Sie dieses Jahr die Leitung über die Weihnachtsfeier bekommen? Vielleicht ist das Badezimmer im Gedächtnispalast gerade frei. Überlegen Sie dann für alle Aufgaben und Informationen zur Weihnachtsfeier, die im Laufe der Zeit anfallen, Bilder und legen Sie diese auf die zehn Wegpunkte dieses Zimmers Ihres Gedächtnispalastes.

Als Sie das Projekt Weihnachtsfeier übernehmen ist klar, eine der wichtigsten Aufgaben wird es sein, Platz in einem Restaurant zu reservieren. Also machen Sie sich hierfür gleich ein Bild:

Restaurant reservieren. Sie stellen sich einen Tisch in Ihrer Badewanne vor. Festlich verziert mit weihnachtlichen Motiven.

Die weitere Planung hat Zeit, aber immer wieder kommen relevanten Ideen plötzlich vorbei. Auch die merken Sie sich dann wieder im passenden Zimmer, im Beispiel also im Bad.

Sagt etwa jemand in einem unerwarteten Moment: »Hey, du planst doch Weihnachten, oder? Hast du mal beim Goldenen Löwen gefragt, ob da noch Platz für unsere Feier ist, ich find's da super!« Dann stellen Sie sich vor, wie ein goldener Löwe nassgespritzt unter der Dusche sitzt. An einem anderen Tag hören Sie zufällig eine großartige Band, die Sie noch nicht kannten: Die Träumenden Teufel. Gedanklich gehen Sie gleich wieder ins Bad und denken: »Auf dem Waschbecken sitzt ein kleiner roter Teufel verträumt um sich herumschauend.«

Stellen Sie sich diese Bilder immer vor, mit Emotionen, Bewegungen und so weiter. So können Sie sichergehen, dass Sie später noch wissen, welches Restaurant und welche Band Sie anfragen wollten, wenn Sie wieder im Büro sitzen und dafür die Zeit haben. Und wenn es wirklich völlig schiefläuft: Das Schlimmste, was passiert, ist, dass Sie mit der Musik der goldenen Luzifers im Restaurant Traum in der belgischen Stadt Löwen feiern. Aber belgisches Bier ist ja auch lecker.

Hilfe, mein Palast ist zu klein!

Hat ihr Gedächtnispalast zu wenig Platz? Nicht nur Königinnen haben mit diesem »Problem« zu tun! An den 50 Wegpunkten Ihres Palasts lässt sich schon viel unterbringen. Trotzdem wird der Moment kommen, dass alle Plätze belegt sind. Der große Vorteil der Gedächtnispaläste im Vergleich zu Peg-Listen ist: Sie können so viele davon haben, wie Sie wollen! Schließlich kennen Sie sehr viele Orte. Machen Sie Gedächtnispaläste daraus! Ich selbst habe etwa 80 Gedächtnispaläste mit jeweils 50 Wegpunkten. Die habe ich im Lauf von fast 20 Jahren gesammelt. So viele Paläste braucht man wohl wirklich nur im Gedächtnissport. Für eine Weltmeisterschaft habe ich etwa 60 Paläste nötig, ein paar zusätzlich in Reserve.

Was hat das mit Ihnen zu tun? Ich empfehle Ihnen keine 60 oder 80 Paläste. Aber nach dem ersten werden irgendwann weitere folgen. Das ist aber kein Problem: Denn Sie haben mindestens so viele Paläste wie ich schon in Ihrem Kopf! Dass ich diese Anzahl an Palästen unterscheiden und behalten kann, ist kein Talent. Das können alle! Sie wissen schließlich, wie Ihr Haus von innen und außen aussieht. Sie kennen aber auch Wohnungen von Ihren Freunden und Ihrer Familie, Ferienwohnungen, den Bahnhof, vielleicht einen Zoo oder ein Museum. All diese Gebäude können Gedächtnispaläste werden. Wenn ich in den Urlaub fahren, mache ich dort gerne einen Gedächtnispalast. Dann nehme ich nicht nur mehr Platz im Gehirn mit nach Hause, sondern auch noch ein Stück Urlaub. Steht bei Ihnen eine Reise an? Machen Sie es doch auch mal so! Der Alexanderplatz in Berlin kann genauso ein Gedächtnispalast sein wie die Strandpromenade in Kroatien, wenn Sie da sind oder waren.

Ich habe es mir angewöhnt, Gedächtnispaläste immer mit 50 Wegpunkten zu bauen, aufgeteilt in fünf mal zehn Punkte. Aber das müssen Sie nicht genauso machen. Sie können auch kleine Paläste haben, so wie die Körperliste. Zehn Punkte im Auto für eine kurze Wegbeschreibung etwa. Haben Sie ein großes Thema, das Sie lernen müssen, etwa im Studium oder in einer Weiterbildung, können Sie dafür auch extra einen Gedächtnispalast passgenau erstellen. Beginnen Sie mit so vielen Punkten, wie Sie am Beginn benötigen. Zehn oder zwanzig. Lernen Sie dann mehr, bauen Sie einfach an. Sie können wieder an den realen Ort gehen und dort weitere Punkte suchen oder auch nur in Gedanken schauen, was Sie hinzufügen können.

Merken Sie sich die Tipps für gute Wegpunkte in Gedächtnispalästen, aber lassen Sie sich davon nicht einzwängen. Es sind Tipps, keine Gesetze. Haben Sie einen Platz, auf dem nur neun Dinge auffallen, die Sie gebrauchen? Dann dürfen Sie sich für den zehnten Wegpunkt auch selbst etwas ausdenken. Ich habe zum Beispiel eine Route, die über einen Platz hier bei uns führt. Mir fehlte noch ein zehnter Punkt, als ich mir dort einen Gedächtnispalast erstellt habe. Dann erinnerte ich mich, dass dort letztens ein Eiswagen stand. Der war an dem Tag nicht zu sehen, er ist auch nicht sehr oft dort. Aber das macht nichts. In meiner Erinnerung war er ja schon und so steht er für mich jetzt immer auf dem Platz. Lieber denke ich mir einen Punkt aus, als dass es bei neun bleibt. Zehn Wegpunkte geben einfach eine nützliche

Struktur, daran halte ich fest. Jetzt muss ich nur aufpassen, wenn ich Besuch habe, dass ich nicht vorschnell verspreche, wir könnten uns dort ein Eis holen, wenn das Wetter gut bleibt.

Mit dem letzten Tipp sind wir wirklich schon im Teil für Fortgeschrittene angekommen: Ein Palast muss nicht unbedingt real existieren. Ich persönlich verwende am liebsten Orte, die ich kenne und die ich echt gesehen habe. Es gibt auch Gedächtnischampions, die machen das anders als ich. Einige mögen es, ihre Paläste in Computerspielen zu bauen oder in Fantasywelten aus Literatur und Film. Kennen Sie die Welt von World of Warcraft besser als Ihre eigene Stadt? Sind Sie öfter auf der Battle-Royale-Karte von Fortnite unterwegs als im eigenen Garten? Na, dann ist doch schon klar, was der nächste Gedächtnispalast wird. Vielleicht haben Sie die Harry-Potter-Bücher öfter gelesen als auf ProSieben die Simpsons wiederholt werden? Dann kann Hogwarts (oder wie es in Ihrem Kopf aussieht) ein Gedächtnispalast werden. Oder auch das bunte Haus von Homer, Bart und Co. aus Springfield in der genannten Zeichentrickserie. Es gibt unendlich viele Möglichkeiten!

Ihre Paläste sind wiederverwendbar

Sehen Sie sich jetzt auch ständig Gedächtnispaläste bauen? Dann fragen Sie sich vielleicht zu Recht, ob da nicht ein Aufwand (Pauken) durch einen anderen (Palastbauen) ersetzt wird oder gar Aufwand dazukommt. Zum Glück ist das nicht so. Sie müssen nicht jedes Mal, wenn Sie etwas Neues behalten oder lernen wollen, einen neuen Gedächtnispalast bauen. Gedächtnispaläste sind wiederverwendbar, aber nicht sofort. Es gibt da eine Voraussetzung: Es muss etwas Zeit vergangen sein. Was als letzter

Inhalt mit einem Gedächtnispalast gelernt wurde, muss entweder schon im Langzeitgedächtnis liegen, oder nicht mehr benötigt werden, bevor der Palast erneut »belegt« werden sollte. Manchmal werden Sie Schlüssel in Ihren Gedächtnispalast ablegen für Inhalte, die Sie nur kurzfristig behalten wollen. Eine To-do-Liste für den Tag, die Agenda für nächste Woche, Meetingnotizen und in meinem Fall alles aus dem Gedächtnissport oder was ich für Vorführungen am Anfang meiner Vorträge für Firmen und Kongresse auswendig lerne. Das sind Inhalte, denen wollen wir langfristig gar keinen Platz im Gehirn geben, weil das nicht nötig ist. Die To-dos sind erledigt, die Woche vorbei und die Vorführung gelungen.

Das »Problem«: Die Gedächtnistechnik funktioniert super! Für die genannten Beispiele bedeutet dies, dass wir die Inhalte trotzdem nicht so schnell vergessen, obwohl wir sie nicht mehr benötigen. Fernsehsender finden es toll, wenn ich in weniger als einer Minute die Reihenfolge eines gemischten Kartenstapels mit 52 Spielkarten auswendig lerne. Die meisten Menschen vor dem Bildschirm – und in den Redaktionen – gehen davon aus, dass ich die Spielkarten nach dem Aufsagen gleich wieder vergesse. Das ist ein gewaltiger Irrtum. Hat es geklappt, dass ich die Karten richtig aufsagen konnte, dann weiß ich diese ziemlich sicher auch noch am nächsten Tag. Meistens auch noch einige Tage später. Ich kann mir die Karten überhaupt nur merken, weil ich einen Gedächtnispalast dafür verwende und eine weitere Technik, die ich Ihnen später vorstelle (im Kapitel über Gedächtniscodes). Der Palast ist fest im Langzeitgedächtnis. Also kommen die Bilder für die Karten auch dorthin und bleiben dort erst mal.

Wenn Sie während eines Telefongesprächs Anmerkungen mit Hilfe von Bildern in Ihren Gedächtnispalast legen, bleiben diese dort tagelang, selbst wenn Sie am gleichen Tag weitere Gespräche führen oder die Anmerkungen gar nicht mehr brauchen. In dieser Zeit ist es keine gute Idee, neue Bilder auf die gleichen Wegpunkte zu legen. Wenn Ihr Gedächtnispalast also voll mit Schlüsseln sein sollte, die noch relativ neu sind, lassen Sie diese besser in Ruhe. Belegen Sie diese trotzdem doppelt, besteht die Gefahr einer Interferenz: Die Bilder kommen durcheinander.

Nach ein paar Tagen beginnt das Vergessen. Das ist nicht schlimm, so arbeitet unser Gehirn. Ein oder zwei Wochen später wissen Sie nicht mehr alle Bilder. Jetzt können Sie den Gedächtnispalast wiederverwenden. Selbst Bilder, die Sie noch wüssten, sind dann nicht mehr stark genug, um noch zu stören. Beachten Sie diese daher gar nicht.

Jetzt wollen Sie natürlich auch Dinge lernen, die dauerhaft im Gedächtnis bleiben sollen! Dafür werden wir gleich auf der nächsten Seite noch einen Schritt lernen, es ist nämlich noch eine Sache zu tun. Wenn wir das erledigt haben, kann der Gedächtnispalast auch nach einiger Zeit wiederverwendet werden, ohne den letzten Inhalt zu vergessen oder durcheinanderzukommen! Dann sind die Bilder und Geschichten für die Schlüssel selbst fest im Langzeitgedächtnis und daher stark genug, dass neue Bilder ihnen nichts mehr anhaben können. Interferenz ist dann auch kein Problem, weil das vorhandene Set über die Zeit einen deutlichen Zusammenhang gebildet hat und so nichts mehr durcheinanderkommt, auch wenn Sie dann zwei oder irgendwann mehrere Belegungen (also verschiedene Listen von Schlüsseln im gleichen Gedächtnispalast) wissen.

Studierenden empfehle ich zusätzlich auch dann einen Gedächtnispalast nicht mehrfach für sehr ähnliche Inhalte oder innerhalb der gleichen Veranstaltung zu verwenden. Selbst dann nicht, wenn der vorherige Inhalt im Langzeitgedächtnis verankert ist. Im gleichen Palast Anatomie lernen und dann Gesprächsführung in der Medizin, das ist gar kein Problem, wenn genug Zeit (ein paar Wochen, aber dazu gleich mehr) dazwischenliegt. Im gleichen Palast erst die Anatomie der Hände, dann die der

Füße zu lernen, empfehle ich trotzdem nicht. Vermutlich würde es immer noch klappen, aber weitere Gedächtnispaläste zu bauen ist ein so geringer Aufwand, dass sich selbst das kleine Risiko nicht lohnt, doch Dinge zu verwechseln, wenn statt einem neuen der gleiche Palast wiederverwendet wird.

So entscheiden Sie, was drinnen bleibt!

Ich habe Ihnen versprochen, dass Sie selbst entscheiden, was auf Dauer einen Platz in Ihrem Gehirn bekommt und was Sie vergessen. Ich möchte mein Wort halten und verrate Ihnen jetzt, wie Sie Ihr Langzeitgedächtnis kontrollieren. Hier ist der zusätzliche Schritt, den Sie noch tun müssen:

Wiederholen

Ich habe die Befürchtung, dass Sie jetzt enttäuscht sind. Bitte weiterlesen! Ja, weiterlesen ist wichtig. Es ist vor allem ein großartiges Hilfsmittel für Ihr Gedächtnis! Wenn Sie das Wiederholen intelligent anpacken, dann ist es sehr viel weniger Arbeit, als Sie jetzt denken, und von früher, aus Schule oder Ausbildung, gewöhnt sind. Vor allem: Wiederholen bedeutet nicht neu lernen! Im Idealfall müssen Sie nach dem ersten Lernen nie wieder auf das Lernmaterial schauen. Wiederholen, wie ich es empfehle, heißt sich selbst erinnern. Woran Sie sich selbst erinnern, was Sie also selbst aus Ihrem Gedächtnis abrufen, wird danach anders verarbeitet, sodass es länger und besser »drinnen« bleibt. Diese Gedanken folgen aus einer Beobachtung, die in der Lernforschung *Testing Effect* genannt wird (mehr dazu in der Box auf der nächsten Seite).

Testen steht hier also für das Abfragen von Inhalten. Sich selbst abfragen, reicht völlig aus. Es geht um den Vorgang des Erinnerns durch das Testen. Sich selbst zu fragen: »Weiß ich das noch? Was bedeutet dieses Wort? Was habe ich gelernt?«, ist ein guter Weg. All diese Fragen führen dazu, dass Sie ihr Gedächtnis testen, ob es die Antwort liefern kann. Nicht, um sich zu überprüfen! Es geht **nicht** um eine Kontrolle. Das Testen selbst hat einen großen Effekt darauf, wie lange der abgefragte Inhalt im Gedächtnis bleibt. Was Sie testen, wird durch das Testen im Gehirn nachhaltiger verbunden. Die Empfehlung gilt unabhängig von den zuvor genannten Gedächtnistechniken, das sind völlig unterschiedliche Wege das Gedächtnis zu verbessern. Gedächtnistechniken helfen beim sehr viel schnelleren Lernen und geben Struktur, der *Testing Effekt* sorgt dafür, dass genau das dauerhaft in Ihrem Gedächtnis bleibt, was Sie behalten möchten. Daher passen aber beide Techniken äußerst gut zusammen!

Nutzen Sie das im Alltag! Wenn Sie beispielsweise etwas im Radio hören, von dem Sie denken: »Das ist interessant, das will ich mir merken!«, dann fragen Sie sich nach der Sendung: »Was habe ich eigentlich gerade angehört? Was war daran interessant? Welche Aspekte will ich behalten?« Genauso gehen Sie vor, wenn Sie ein Buch oder eine Zeitschrift lesen. Machen Sie sich nach jedem Absatz oder Artikel dessen Inhalt bewusst und entscheiden Sie, was Sie mitnehmen. Idealerweise, in dem Sie dann eine Gedächtnistechnik zusätzlich verwenden.

Gut zu wissen: *Testing Effect*

Gedächtnisforscher verstehen unter dem *Testing Effect* die Beobachtung, dass durch das Abtesten neu gelernter Informationen die Langfristigkeit dieser zunimmt. Als Lernmethode wird es auch »Retrieval Practice« genannt. Die Studien von Prof. Henry L. Roediger zeigen das gut.[19] In einer Studie wurden Versuchspersonen in zwei Gruppen geteilt. Die Teilnehmenden in Gruppe 1 durften sich eine Stunde lang ihnen vorher unbekannte Worten einer Fremdsprache ansehen. Wenn alle Worte gelesen waren, begann das Set wieder von vorne. Gruppe 2 hatte ebenfalls eine Stunde Zeit. Anstatt die Worte allerdings nur zu lesen und für sich zu lernen, wurden die Teilnehmenden, nachdem sie alle Worte einmal gelernt hatten, getestet: Zu jedem Wort wurde gefragt, ob die Teilnehmenden die Bedeutung noch wissen. Bei einer falschen Antwort gab es ein kurzes Feedback. Nach einer Stunde wurden in beiden Gruppen alle Worte abgefragt. Gruppe 1 wusste etwas mehr als Gruppe 2. Sie hatten ja auch mehr Zeit gehabt zum Lernen, weil das Testen der Gruppe 2 Zeit kostet. Aber! Eine Woche später wurden alle noch mal abgefragt. Dann war Gruppe 2 besser. Viel besser! Gruppe 1 hatte mehr als die Hälfte der Worte, die sie nach einer Stunde noch wussten, wieder vergessen, Gruppe 2 dagegen vergaß kaum etwas. Sie wussten anfangs weniger, aber durch das Testen sind diese Vokabeln länger hängen geblieben.

Testen hat also einen positiven Effekt auf das Langzeitgedächtnis. Interessant ist auch, dass die meisten Menschen sich dessen nicht bewusst sind. Fragt man etwa in der vorhin genannten Studie die Teilnehmenden in beiden Gruppen, was sie erwarten, wie viel sie nach einer Woche noch wissen, dann geben beide Gruppen in etwa die gleiche Einschätzung.

Wenn Sie also Vokabeln oder auch anderes lernen wollen: Testen Sie sich selbst! Gedächtnistechniken sind hiervon unabhängig. Beim Lernen von Worten kann die Schlüsselwortmethode eine große Hilfe sein, um in kurzer Zeit sehr viel mehr neue Worte zu lernen als ohne Methode. Wenn Sie sich dann zusätzlich und schon beim Lernen selbst abfragen, sorgen Sie dafür, dass diese Worte auch langfristig im Gedächtnis bleiben.

Das habe ich selbst auch zusammen mit anderen Forschenden der Radboud-Universität gezeigt, indem wir »die beste Methode der Welt zum Vokabellernen« erfanden. So nannte die Jury eines Wissenschaftspreises (Memrise Prize) unsere Methode, Schlüsselwortmethode mit Testen und noch ein paar spielerischen Elementen zu verbinden, mit der wir den ausgeschriebenen Wettbewerb gewannen. Wenn Sie mehr zum *Testing Effect* wissen möchten, dann empfehle ich Ihnen *Make it Stick*, das Buch von Prof. Roediger.

Wiederholen durch Erinnern kann also perfekt mit dem Gedächtnispalast und den anderen Gedächtnistechniken kombiniert werden. Wenn Sie Ihren Gedächtnispalast vor dem inneren Auge durchschreiten und bei jedem Platz nachdenken und sich bildlich vorstellen, was Sie sich dort gemerkt haben, testen Sie sich bereits ausreichend!

Die daran anschließende Frage ist dann oft: »Wie und wann muss ich wiederholen?« Wenn Sie etwas Neues lernen, ist frühes

Wiederholen sinnvoll. Sehr früh. Ich empfehle: Auf jeden Fall noch am selben Tag! In den Übungen, die Sie in diesem Buch schon gemacht haben, ist Ihnen vielleicht aufgefallen, dass ich Sie fast immer auffordere, den Inhalt noch einmal durchzugehen und sich dann selbst abzufragen, ob Sie sich schon erinnern. Jetzt wissen Sie auch, warum. Die Abstände der nächsten Wiederholungen hängen vom Lerninhalt ab, von der Komplexität und Ihrem Vorwissen. Bei mittlerem Schwierigkeitsgrad sage ich: Fünfmal wiederholen reicht, um den Inhalt ein Jahr später noch zu wissen. Heute, morgen, nächste Woche, nächsten Monat und in sechs Monaten. Probieren Sie es aus! Die Beispiele in diesem Buch sind dafür bestens geeignet. Für komplexere Inhalte ist fünfmal wiederholen zu wenig. Meinen Studierenden rate ich auch für ihre Studieninhalte zu etwas mehr.

Gut zu wissen: Der optimale Wiederholmoment

In der Theorie ist der optimale Moment, etwas zu wiederholen, kurz bevor Sie es vergessen. Die Abstände werden pro Wiederholung immer länger. Diese Technik wird als *Spaced Retrieval* bezeichnet, auf Deutsch etwa verteiltes Wiederholen. Wenn Sie sich also gerade so, mit Mühe, aber doch noch vollständig daran erinnern. Das ist natürlich für jede Information anders. Wann das passiert, ist nicht exakt vorherzusagen. Heutzutage gibt es tolle digitale Tools, die uns dabei helfen. Diese Apps und Programme funktionieren ähnlich wie klassische Karteikarten, mit denen uns zu Schulzeiten schon unsere Eltern überprüft haben. Wenn Sie etwas wiederholen, passiert das dadurch, dass Sie abgefragt werden. Auf der Vorderseite steht ein Wort, eine Frage oder eine Information. An die Antwort müssen Sie sich erinnern. Mit einem Klick wird die digitale Karte gedreht. Sie müssen dann selbst, bitte ehrlich, angeben, ob Sie die Antwort wussten und wie schwierig es war, sich daran zu erinnern. Manche Tools messen sogar Ihre Reaktionsgeschwindigkeit. Basierend auf Ihrer Einschätzung berechnet ein Algorithmus dann, wann der optimale Zeitpunkt ist, Sie wieder zu testen. Verwenden Sie diese Tools regelmäßig, am besten täglich ein paar Minuten, können Sie mit einem Minimum an Zeit Informationen dauerhaft behalten. Kostenlose Varianten sind etwa »Anki« oder »Mnemosyne«, kostenpflichtige Anbieter haben dafür manchmal schönere Benutzeroberflächen der Premiumfunktionen.[20] Remnote ist ein Anbieter, der Notizfunktion und *Spaced Retrieval* verbindet. Einige der Tools haben einen Schwerpunkt beim Sprachenlernen, die Prinzipien gelten aber für alle Lernsituationen.

4 Gedächtniscodes

Zahlen, Passwörter, Fakten

Durch Gedächtniscodes werden Zahlen, Daten und Fakten zu lustigen Bildern und komischen Geschichten. Auf diese Art und Weise können Sie historische Daten ebenso behalten wie Geburtstage und Jubiläen, Telefonnummern und nicht nur die PIN-Nummern Ihrer Bankkarten, sondern auch die 16-stellige Kreditkartennummer selbst. Nicht nur nachhaltig, sondern mit viel Spaß und mühelos! Mit dem richtigen Code im Kopf gehören Sorgen, ob Sie wichtige Informationen vergessen, der Vergangenheit an.

Was leider nicht reicht, ist, Ziffern in den Gedächtnispalast zu stellen. Auch hier gilt wieder: Dafür sind Ziffern einfach nicht bildhaft genug. Ein Kühlschrank voller Achten, eine Drei auf dem Stuhl oder die Sieben im Ofen; na ja, das klappt vielleicht noch bei drei Ziffern, aber nicht bei mehreren. Wir müssen die Ziffern daher durch etwas ersetzen, das wir uns in Bildern vorstellen können.

Im Kapitel 2 ging es um Peg-Listen. Den Ziffern wurden hier auch schon über Reime Bilder zugewiesen. Statt drei Brei, statt vier Bier. Diese Bilder sind an sich eine gute Option. Da ich die Peg-Liste aber verwende, um damit etwas zu verbinden, empfehle ich ganz klar, die Bilder für das Merken von Ziffern selbst davon getrennt zu halten. Dafür gibt es verschiedene Möglichkeiten. Die erste: das Ziffer-Form-System. Bei dieser Methode wird jeder Ziffer ein Bild oder ein Objekt zugeordnet, das ähnlich aussieht oder eine logische Assoziation hat.

1 Kerze
2 Schwan
3 Dreizack
4 Auto (vier Räder)
5 Hand (fünf Finger)
6 Würfel
7 Sense
8 Schneemann
9 Blume
0 Reifen (oder Ei)

F 1: Bild aus Alles nur in meinem Kopf

Ziffern, die Sie lernen möchten, ersetzen Sie durch die zugehörigen Bilder. Daraus kann dann wieder eine Geschichte gemacht werden, die Bilder können auf einer Peg-Liste abgelegt oder im Gedächtnispalast gelernt werden. Ein Beispiel. Der neue PIN-Code lautet 8562. Den wollen Sie behalten. Stellen Sie sich vor Ihrem inneren Auge einen Schneemann vor, der mit seiner Hand einen Würfel nach einem Schwan schmeißt. Gehört der PIN-Code etwa zu einer EC-Karte, stellen Sie sich noch vor, wie dieser

Schneemannterrorist Ihre EC-Karte stiehlt. So gelingt es Ihnen, den entsprechenden Karten die richtigen Geschichten zuzuordnen.

Um sich Passwörter zu merken, können Sie auf gleiche Art und Weise den häufigsten Sonderzeichen Bildern zuweisen.

$ – Geld
§ – Gesetzbuch
# – Zaun
! – Jemand schreit
” – Augen

Buchstaben ersetzen Sie durch Worte, die damit beginnen. Großbuchstaben etwa durch Namen oder Objekte.

Aus meinem LinkedIn-Passwort *$a8gnhj«§fW* mache ich so folgenden Schlüssel: Ich stelle mir vor, dass ich vor einer Menschenkette stehe. Ich besteche sie mit Geld ($), damit ich weitergehen darf, aber dahinter stehen ein kleiner Affe (*a*) und ein Schneemann (*8*). »Geh nach Hause, Junge!« (*gnhj*), rufen sie. Ich starre sie mit großen Augen («) an. »Schaut, hier ist das Gesetzbuch (*§*)! Ich darf hier lang, weil ich was für Wilhelm (*fW*) abgebe!«

So können Sie selbst lange Passwörter ohne Mühe und Stress behalten. Vor allem, wenn Sie (anders als in diesem Beispiel) die Geschichte selbst ersinnen, droht auch keine Gefahr, dass Sie zweifeln, ob das Wort »starre« jetzt auch noch für ein »s« im Passwort stehen könnte. Durch die Aufmerksamkeit auf die Elemente des Passworts ist Ihrem Gehirn das von selbst klar.

Major-System – beliebig viele, beliebig lange Zahlen merken

»Kannst du mir den 70 geben?«
»Hier. Kann ich dafür eine 10 78 haben, bitte?«

Wer diesen Dialog am Frühstückstisch versteht, hat sein Gedächtnis trainiert! Mit dem Ziffer-Form-System können Sie bereits einige Zahlen sicher im Kopf behalten. Wenn allerdings die Zahlenfolgen länger werden und sich die Ziffern entsprechend oft wiederholen, müssten Sie für jede Ziffer ein eigenes Bild behalten – das wird selbst für Profis sehr unübersichtlich! Auf der deutschen Gedächtnismeisterschaft 2019 konnte ich mir in fünf Minuten eine Folge von 328 zufälligen Ziffern merken. Hätte ich das mit dem Ziffer-Form-System gemacht, wären es also 328 Bilder gewesen. Für jede 8 wäre das ein Schneemann, also insgesamt etwa 33 Schneemänner. Hätte ich diese alle in meinen Gedächtnispalast gestellt, wäre mein erster Gedanke beim Wiedergeben wohl: Ist gerade Winter?! Aber auch ich hätte dann beim Wiedergeben Mühe gehabt, auseinanderzuhalten, wo überall Schneemänner waren.

Stattdessen habe ich auf der Gedächtnismeisterschaft das sogenannte Major-System angewendet, das ich Ihnen hier vorstellen möchte. Das Major-System empfehle ich Ihnen ausdrücklich, wenn Sie sich nicht nur Ziffern, Daten, Termine, Fakten und so weiter besser merken wollen, sondern auch bereit sind, einmalig etwas Zeit und Mühe zu investieren. Mit »etwas Zeit und Mühe« meine ich, dass Sie nach dem Lesen dieses Kapitels weiterarbeiten. In Kapitel 6 habe ich ein 30-Tage-Programm zum Gedächtnistraining für Sie vorbereitet. Darin ist das Erlernen dieses Systems bereits enthalten. Wenn Sie lieber für sich selbst trainieren, rechnen Sie mit fünf Minuten täglich, und zwar für zwei Wochen.

Dann haben Sie das System erlernt. Was Sie in dieser Zeit machen: Eine Tabelle mit 100 Bildern für die Zahlen 00 bis 99 auswendig lernen. Das Ziel ist, dass Sie lernen, eine Ziffernfolge in Blöcke von jeweils zwei Ziffern aufzuteilen und dafür jeweils ein Bild zu kreieren. 30 ist eine Maus, 78 Kaffee. Diese Bilder sind dann Ihre Schlüssel für Zahlen und können an Ihre Lieblingsschlüsselhaken gehängt werden: in eine Merkgeschichte, auf eine Peg-Liste oder in Ihre Gedächtnispaläste.

Das geht ganz leicht, dank dem Major-System. Statt den Ziffern direkt ein Bild zu geben, werden den Ziffern Buchstaben beziehungsweise Laute zugewiesen.

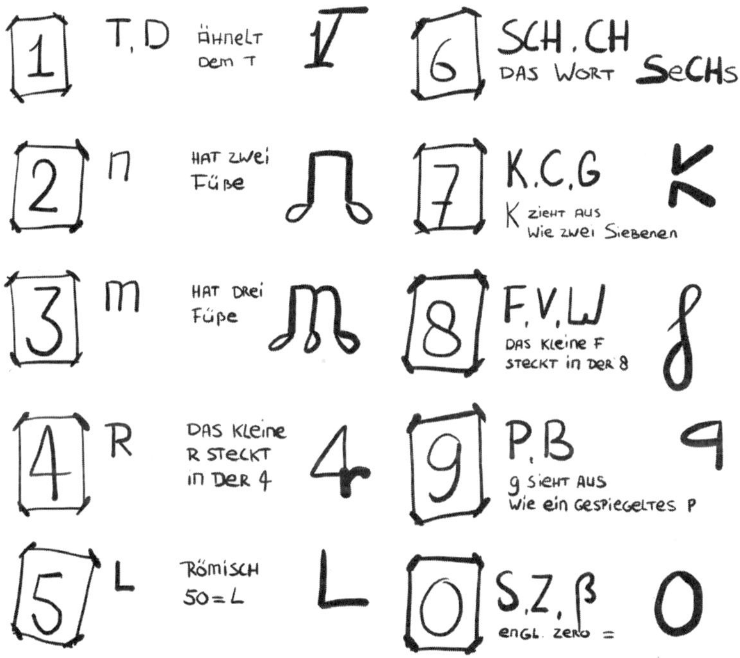

Vielleicht ist Ihnen schon aufgefallen, dass nur Konsonanten und konsonantische Laute in der Liste stehen. Die Vokale (a, e, i, o, u) stehen nicht dabei und haben ganz bewusst keine Ziffer. Dadurch, dass die Vokale hier keine Zahl haben, können ganz leicht Wörter aus den passenden Konsonanten geformt werden, in dem beliebige Vokale ergänzt werden. Keine Sorge, das wird gleich noch deutlicher. Zunächst bedeutet das Major-System, dass jedes Wort eindeutig in eine Zahlenfolge übersetzt werden kann. Einfach in der Tabelle nachschauen, welche Ziffern die Konsonanten und Laute haben und die Vokale auslassen, weil die eben keine Zuordnung bekommen.

Achtung: Es ist ein ganz klein wenig schwieriger, als nur die Buchstaben nachzusehen. Es geht immer darum, was Sie hören. Es geht um den Klang. Darum wird das Major-System auch eine phonetische Gedächtnistechnik genannt.

Zur Verdeutlichung einige Beispiele!

- Baum – 93
  B steht für die 9, M steht für die 3. AU haben als Vokale keine Ziffer.
- Sonne – 02
  S – 0, N – 2. O und E sind Vokale.

Beim zweiten Beispiel wird es schon interessanter. Eine wichtige Regel beim Major-System ist, dass es darum geht, was wir hören. Im Wort *Sonne* hören wir nur einmal das N. Das zweite N schreiben wir, um zu verdeutlichen, dass das vorherige O kurz ausgesprochen wird. Darum ist 02 richtig und nicht etwa 022.

- Schenken – 6272
  SCH – 6, N – 2, K – 7, N – 2

Obwohl das Wort *Schenken* mit S beginnt, ist der Klang das SCH. Daher die Ziffer 6.

- Schifffahrt - 68841
  SCH – 6, FF – 8, F – 8, R – 4, T – 1

Die *Schifffahrt* wird ausgesprochen als Schiff-Fahrt. Das Wort Schiff hat die 68, da der Doppelkonsonant wiederum nur einmal zu hören ist. Beim zweiten Teil des Wortes, der Fahrt, hören wir aber ein weiteres F. Daher 688. R und T geben noch die 41. Das H im Wort ist auch ein Konsonant, aber wiederum klanglos. Daher lassen wir das H aus, ebenso wie die Vokale.

Vielleicht hatten Sie teilweise andere Ergebnisse. Vielleicht habe ich zu früh behauptet, dass es immer eindeutig ist, welche Zahlen zu einem Wort gehören. Denn es gibt noch weitere Konsonanten, die in der obigen Tabelle fehlen. Neben dem H etwa das Q, X und Y.

Der *Experte* kann daher 941 sein (P – 9, R – 4, T – 1, E und X stehen nicht in der Tabelle). Oder Sie sagen: »X klingt wie KS. Also hat der Experte die Zahl 70941.« – *Pferd*? Hören Sie das P deutlich oder nicht? Je nachdem ist es 9841 oder nur 841.

Quiche? Nach dem Major-System ist das für mich 76 (QU klingt wie K, also 7 – das CH hat die 6). Aber wenn Sie antworten: »Ich gebe dem gar keine Ziffer, weil das Q nicht in der Liste steht und wenn ich das französisch ausspreche, hat auch das CH nicht mehr den deutschen Klang von Ch«, haben Sie auch nicht unrecht.

Daher: Wählen Sie eine Vorgehensweise, die für Sie am besten passt und bleiben Sie dabei! In der Praxis ist das sowieso kein Problem: Das Ziel ist ja nicht, dass wir Wörter in Zahlen übersetzen, sondern genau andersrum: Wir wollen für Zahlen deutliche Bilder haben. Nicht eindeutige Worte wählen wir einfach nicht. Es gibt genug passende Alternativen! Wenn Sie etwa für die 12 ein Bild suchen, dann wissen Sie jetzt hoffentlich schon, dass der erste Konsonant ein T oder D sein wird und der zweite ein N. Vokale können variabel und beliebig ergänzt werden. Tanne, Teen, Ton, Tonne, Tun, Dino, Däne, Düne, dünn, Tina oder Donau. Es gibt sehr viele Optionen. Ob dann Dioxin oder Quitten auch 12 sind oder doch etwas anderes, ist egal.

Für längere Zahlen wird es schwieriger. Aber auch für fast alle dreistelligen Zahlen lassen sich im Deutschen noch Bilder finden.

- 953 – Die Konsonanten sind also P/B, L und M. »Blume«, »Palme« oder »Bulimie«.
- 142 – T/D, R und N. »Thron«, »Tyrann«, »Türen«, »drehen«, »drohen«, »dauern« oder selbst der Name »Adrian«. Wenn es geht, wähle ich immer ein Wort, das mit dem ersten Konsonanten beginnt und nicht mit einem Vokal. Das macht es beim Erinnern leichter. Also lieber »Thron« statt »Adrian« oder »Autouhren«.
- 619 – G (weich)/SCH/CH, T und P/B. »Staub« ginge, wenn ich ST wie SCH-T ausspreche. Aber dann müssen Sie zum einen gut aufpassen, dass Sie sich hinterher nicht an »Dreck« erinnern (das wäre 147 statt 619), und zum anderen, dass Sie nicht doch an die Schreibweise ST denken und fälschlicherweise an die 019 denken. Daher kann es hier auch eine gute Idee sein, die Ziffern schon aufzuteilen, etwa in 6-19: »ich« (*6*) »Depp« (*19*) der »ich« (*6*) »Topp« (*19*) – je nach Anlass.

Bei noch längeren Zahlenfolgen müssen wir es sowieso aufteilen. Klar, 581841705681 kann zur »Luftfahrtgesellschaft« werden (das G ist hier hart, daher die 7). Aber zum einen ist Luftfahrtgesellschaft schwierig zu visualisieren und zum Zweiten kommen Sie natürlich nicht so schnell auf das Wort, wenn Sie nur die Ziffern vor sich sehen. Ich auch nicht. Aufgeteilt in je drei Ziffern sind Luft, Freude, Kessel, Schwede leichter zu finden. Stellen Sie sich vor: »Sie atmen tief ein. Gute LUFT! Die FREUDE ist groß. Einen ganzen KESSEL voll dieser guten Luft hat Ihnen ein SCHWEDE geschenkt.« Das ist immer sehr merkwürdig, aber auch leicht vorzustellen. Diese Szene kann in Ihrem Gedächtnispalast passieren. Um dann die Ziffernfolge wiederzufinden, müssen Sie nur die Tabelle auswendig wissen. LUFT – 581, FREUDE – 841, KESSEL (705), SCHWEDE (681).

Auch hier gilt: Durch das Erlernen eines vielseitig anwendbaren Systems gewinnen Sie Struktur und Platz im Gehirn. Sie entscheiden zukünftig, welche Zahlen, Daten und Fakten Sie behalten und welche nicht.

Übung

In dieser zweiteiligen Übung können Sie das Major-System ausprobieren und sich vergewissern, dass Sie verstanden haben, wie es funktioniert.

Zuerst sehen Sie einige Worte. Verwenden Sie das Major-System, um die dazugehörenden Zahlen zu finden. Idealerweise lernen Sie erst die Tabelle mit den Zuordnungen der Konsonanten und Laute von 0 bis 9 auswendig und schauen »im Kopf« nach statt im Buch.

Bär

Mauer

Sofa

Kuh

Möbel

Schaf

Tiger

Fußballteam

Lösungen: 94, 34, 08, 7, 395, 68, 174, 809513

Nun folgen einige Zahlen. Finden Sie passende Worte nach dem Major-System?

1

80

59

72

095

810

940

0943471

Mögliche Worte rechts (es gibt meist weitere Optionen):
Tee, Vase, Lupe, Kanne, Säbel, Fotos, Boris, Supermarkt

Die Zahlen von Karten und Pässen behalten

Wenn Ihr Portemonnaie (94132) so aussieht wie meins, dann sind da wenig Münzen und Scheine drin, dafür umso mehr Karten. Eine EC-Karte, zwei Kreditkarten, Personalausweis, Führerschein, Krankenkarte, Bahncard, Mitarbeiterausweis, Mitgliedskarte vom Sportverein und so weiter. Wenn es gut läuft, wissen Sie die dazugehörigen PIN-Nummern. Aber haben Sie auch die Kartennummern selbst im Kopf? Oder müssen Sie diese jedes Mal suchen und dann ablesen, wenn Sie sie brauchen? Was, wenn Sie Ihr Portemonnaie verlieren? Müssen Sie dann erst nach den Aufzeichnungen und alten Briefen suchen, um die Karten sperren zu lassen?

Wenn Sie die Zahlen im Kopf haben, sparen Sie viel Zeit und können im Verlustfall Problemen vorbeugen. Mit dem Major-System ist das einfach und es macht Spaß, sich alle Zahlen einzuprägen. Gleichzeitig üben Sie das Major-System und das Verwenden von Gedächtnistechniken. Win-win! Für die meisten Karten sind es nicht mehr als 16 Ziffern – etwa bei Kreditkarten. Dazu lässt sich leicht eine kurze Geschichte aus den Bildern erfinden (schauen Sie sich gegebenenfalls noch einmal das zweite Kapitel an, um die Geschichtenmethode zu wiederholen).

Beispiel 1: Mitgliedsnummer Sportverein

1027212947

Einfach links beginnen. Worte im Plural enden oft mit N, für 102 ist darum leicht etwas zu finden. »Dosen« oder »Tassen« geht. 72 – KN. Damit beginnen einige Worte. So findet sich für 7212 »Knoten«, 947 ist zum Beispiel »Berg« oder »Brücke«.

Stellen Sie sich vor: Mit der Sporttasche (als Schlüssel dafür, dass diese Nummer zum Sportverein gehört) steigen Sie in Ihr Auto und erschrecken: Auf der Rückbank liegen einige *Dosen*, die Sie nicht kennen. Sie öffnen diese vorsichtig: In jeder Dose ist ein kurzes Stück Seil mit einem dicken *Knoten*. Wie bizarr. Sie schütten alle Knoten aus und ein großer *Berg* liegt jetzt vor Ihnen.

Stellen Sie sich diese Geschichte so lebendig wie möglich vor und konzentrieren sich ganz besonders auf die Schlüsselworte, die für die Zahlen stehen.

Beispiel 2 – Kreditkarte

VISA 4725 4578 2122 7652
Gültig bis 02/24, Sicherheitscode 856

Für 472 passt »Rücken«. Für 545 oder gar 5457 finde ich nicht so schnell ein passendes Wort, daher teile ich es auf in »Leier« (54) und »Lack« (57). Für 82 passt »Wein«, für 122 »Tannen«, und »Kuscheln« entspricht 7652.

Stellen Sie sich vor: Jemand tippt Sie auf den *Rücken*. »Hier ist Ihre *Visa-Kreditkarte!*« Wie lieb! Zum Dank spielen Sie ein Lied auf Ihrer *Leier*, von welcher der *Lack* aber schon etwas ab ist. Außerdem verschenken Sie als Dank *Wein*. Den öffnen Sie dann zusammen, setzen sich unter ein paar *Tannen* zwischen die Tannennadeln und *kuscheln*.

Weil auch hier die Kreditkarte in der Geschichte vorkommt, wissen Sie, dass diese Merkbilder genau zur Visa-Karte gehören und zu keiner anderen.

Gedächtnisblitz: Tools für das Major-System

Es ist manchmal schwierig, selbst aus dem Nichts auf Bilder für drei Ziffern oder noch mehr zu kommen. Wir leben heute in Zeiten, in denen Technologie hier und da unser Gedächtnis überlastet, aber Technologie kann auch eine tolle Hilfe sein! So gibt es mehrere Onlinetools,die Ihnen bei der Suche nach Bildern zum Major-System helfen. Zahlen-merken.de, major-system.info, major-system-generator.net, Pinfruit.com oder got2know.net. Auch in den App Stores von Android und iOS gibt es verschiedene Angebote.

Wer auch Englisch spricht, hat noch mal deutlich mehr Auswahl.

Hundert Bilder im Kopf

Wenn Sie sich Ziffern und Daten schnell merken möchten, ist noch etwas mehr Vorbereitung sehr zu empfehlen. Im Gedächtnissport ist es natürlich nicht erlaubt, eine App zu benutzen, um Bilder zu finden. Selbst wenn Sie keine Ambitionen im Gedächtnissport haben, gibt es genügend Momente, in denen es nützlich ist, sich Ziffern schnell und ohne weitere Hilfe merken zu können. Auch das ist mit dem Major-System möglich! Dafür erstellen Sie sich eine Liste mit 100 Bildern, die Sie sich merken werden. Keine Sorge. Das ist ein Kinderspiel!

Nachdem Sie hier lernen, wie es theoretisch geht, werden Sie in Kapitel 6 die Bilder aufgeteilt auf ein paar Tage völlig mühelos lernen können. Ich hatte Ihnen bereits versprochen, dass dies in maximal zwei Wochen machbar ist, mit wenigen Minuten pro Tag. Um das zu erreichen, lernen Sie jeden Tag zehn Bilder. Diese beginnen alle mit dem gleichen Buchstaben beziehungsweise ähnlich klingenden Buchstaben. Von 00 bis 09 beginnen alle Bilder mit S (oder Z), von 10 bis 19 mit T oder D und so weiter. Jeden Tag lernen Sie einen solchen Zehnerblock dazu und wiederholen die Bilder vom Vortag. Wahrscheinlich geht das so gut, dass Sie in wenigen Minuten auch noch die Bilder der Tage davor wiederholen können. Wenn Sie montags beginnen, dürfen Sie sich das folgende Wochenende freinehmen und sind dann in der darauffolgenden Woche freitags fertig.

Das Ziel ist, dass Sie nach diesen zwei Wochen für jede Zahl zwischen 00 und 99, ohne allzu lange nachdenken zu müssen, sagen können, welches Bild dazugehört. Wenn Sie probieren, sich an ein Bild zu erinnern, es Ihnen aber nicht gleich einfällt, dann denken Sie an die Buchstaben. Suchen Sie das Bild für die 19? Es muss also mit T oder D beginnen und der zweite Konsonant ein P oder B sein. Die Chance ist groß, dass Ihnen sehr schnell die *Tube* einfällt.

Karteikarten sind ein geeignetes Hilfsmittel, um die Bilder schnell zu lernen. Auf die eine Seite schreiben Sie die Zahl, auf die andere das Wort. Wer gut zeichnen kann, kann das Bild natürlich auch malen. Wer viel Zeit hat, sucht sich schöne Abbildungen im Internet und druckt diese aus. Wer es digitaler mag, kann auf eine der hilfreichen Apps zurückgreifen. Persönlich würde ich aber echte physische Karten bevorzugen, um etwas in der Hand zu halten und den Fortschritt jedes Mal auf einen Blick zu sehen.

Auf den folgenden Seiten finden Sie meine 100 Bilder für das Major-System in Deutsch. Ich habe jeweils auch noch eine Alternative notiert, falls Ihnen mein erstes Bild nicht gefällt. Haben Sie selbst noch eine ganz andere Idee? Super, nehmen Sie diese! Wichtig ist, dass Sie sich das gewählte Bild vorstellen können und dass Sie am Ende mit einer Liste von 100 Bildern arbeiten, die dann aber auch fix ist und im Normalfall nicht mehr geändert wird. Bonuspunkte gibt es, wenn Sie aufpassen, dass sich die 100 Bilder nicht zu sehr ähneln. Also besser nicht Taube, Meise und Möwe als Bilder in Ihr System aufnehmen, sondern es bei einem oder maximal zwei Vögeln belassen.

Zahl	Bild	Alternative	Zahl	Bild	Alternative
00	Soße	Zeus	25	Nil(pferd)	Nele
01	Seide	Set	26	Nacho	Nische
02	Sonne	Sohn	27	Nike	Anke
03	Sumo	Saum	28	Neffe	Naiv
04	Säure	Sarah	29	Nepp	Neubau
05	Sohle	Seil	30	Maus	Moos
06	Sushi	Sascha	31	Matte	Mode
07	Socke	Sack	32	Mann	Miene
08	Sofa	Safe	33	Mama	Mumie
09	Suppe	Sieb	34	Mauer	Eimer
10	Tasse	Dose	35	Mühle	Müll
11	Tot	Datei	36	Masche	Moschee
12	Tonne	Dino	37	Macke	Mac
13	Team	Dame	38	Mafia	Möwe
14	Tür	Dreh	39	Mappe	Mopp
15	Teil	Dill	40	Rose	Reis
16	Tasche	Dach	41	Rute	Rot
17	Theke	Dick	42	Ruine	Hirn
18	Tofu	Diva	43	Rum	Ruhm
19	Taube	Dieb	44	Rohr	Rar
20	Nase	Nass	45	Rolle	Real
21	Note	Niete	46	Rauch	Reich
22	Nonne	Neon	47	Rock	Reck
23	Nemo	Name	48	Reif	Riff
24	Narr	Niere	49	Raupe	Rap

Zahl	Bild	Alternative
50	Lasso	Los
51	Latte	Laut
52	Leine	Lohn
53	Leim	Lama
54	Leier	Leer
55	Lolli	Lila
56	Lache	Loch
57	Lok	Lack
58	Lava	Lauf
59	Lupe	Laub
60	Schuss	Jazz
61	Schutt	Jet
62	Schein	Jan
63	Schaum	Jim
64	Schere	Jury
65	Schal	Julia
66	Scheich	Jojo
67	Schoko	Yoga
68	Schaf	Java
69	Scheibe	Jeep
70	Käse	Kuss
71	Kutte	Kette
72	Kanne	Kino
73	Kamm	Koma
74	Karre	Chor

Zahl	Bild	Alternative
75	Kohle	Cola
76	Koch	Quiche
77	Kacke	Koks
78	Kaffee	Geweih
79	Kappe	Kopie
80	Fass	Vase
81	Foto	Watt
82	Föhn	Wanne
83	Fimo	Wim
84	Feuer	Wehr
85	Folie	Wal
86	Fisch	Wache
87	Feige	Waage
88	Fifa	Waffe
89	Phobie	Wippe
90	Bus	Pass
91	Bett	Pate
92	Bein	Pin
93	Baum	Puma
94	Bier	Püree
95	Ball	Pille
96	Buch	Pech
97	Bock	Puk
98	Bifi	Pfau
99	Baby	Puppe

Telefonnummern merken

Ich bin ein Fan von Technologie und den Möglichkeiten von heute. Klar, natürlich speichere auch ich Telefonnummern von neuen Kontakten meistens direkt in meinem Telefon. Trotzdem ist es auch oft genug nützlich, einige Telefonnummern auswendig zu wissen. Wenn Sie in einer Notsituation schnell jemanden von einem anderen Telefon anrufen wollen, wenn Ihr Telefon kaputtgegangen sein sollte und Sie Ihr gespeichertes Telefonbuch verlieren – oder beim Flirten: »Hey, gibst du mir deine Nummer? Du bist mir sogar so wichtig, dass ich mir die merke, statt sie abzuspeichern!« Okay, ich gebe zu. Damit kommt man wohl nicht immer besonders gut rüber, sondern eher als Freak.

Sich Telefonnummern zu merken ist wieder eine großartige Übung: Genau auf diese Art können Sie sich jede Ziffernfolge einprägen. Klar, wir verwenden für diese Übung das Major-System und unsere Hunderterliste. Um die Übung also komplett selbst zu machen, sollten Sie die 100 Bilder schon im Kopf haben. Wollen Sie nicht darauf warten, schlagen Sie nach – aber behalten das Ziel im Auge, es schon bald ohne Buch oder Papier allein zu können.

Sagen wir, Sie wollen eine deutsche Mobilnummer behalten. 0170 84475823. Dann wissen Sie schon, die beginnt mit 01. Oder aus dem Ausland +491. Diese Ziffern müssen Sie sich nicht extra merken. Die folgenden Ziffern teilen Sie in Zweiergruppen: 70 84 47 58 23. Also wissen Sie sofort die Schlüssel gemäß der Liste, je nach Ihrer Wahl vielleicht Käse, Feuer, Rock, Lava und Nemo. Jetzt brauchen Sie noch einen Platz für diese Schlüssel. Für dieses Beispiel nehme ich die Körperliste. Wissen Sie die ersten Punkte der Körperliste noch? Füße, Knie, Oberschenkel, Po, Bauch. Also stellen Sie sich vor (oder machen Ihre eigenen Bilder):

- Die Füße stinken nicht nur nach Käse, sie sind sogar aus Käse.
- Auf Ihrem Knie ist ein kleines Lagerfeuer.

- In der Hosentasche auf dem Oberschenkel haben Sie einen klein gefalteten Rock zur Reserve immer bei sich.
- Aus Ihrem Po kommt Lava. Haben Sie gestern zu scharfe Chili gegessen?
- Auf meinem Bauch ist ein Bild vom Clownfisch Nemo. Da hat wohl mein Sohn so ein Abziehtattoo von Nemo draufgeklebt, als ich schlief. Also, das ist doch wohl hoffentlich ein Abziehtattoo??!!

Ich verwende die Körperliste gerne für Telefonnummern, die mir jemand sagt, und ähnliche Sachen. Sie ist dann mein Notizblock im Kopf. Wenn ich etwa beim Autofahren angerufen werde und über das Autotelefon mit jemandem spreche, kann ich mir Informationen, die ich erhalte, sicher mit der Körperliste merken. Am Zielort angekommen, gehe ich in Gedanken die Körperliste wieder durch und entscheide, ob und was damit passiert. War tatsächlich eine Telefonnummer dabei, dann speichere ich diese jetzt in meinem Handy. Eine andere Information will ich dauerhaft im Langzeitgedächtnis haben? Dann lege ich diese jetzt mit einem Schlüssel in einen Gedächtnispalast und wiederhole das später ausreichend oft. Bis ich wieder die Gelegenheit habe, es zu notieren. Ich mache mir aber keine Sorgen, ob ich das vergessen könnte. Es liegt ja sicher auf meiner Körperliste!

Gedächtnisblitz: Fünf bekannte und fünf weniger bekannte historische Jahreszahlen

Das Major-System mit der Hunderterliste eignet sich perfekt für nahezu alle nützlichen Anwendungszwecke, bei denen Ziffern und darauf aufbauende Inhalte behalten werden sollen. Alles, was noch weiter geht als 100 Bilder, ist sehr fortgeschrittenes Niveau. Ausschließlich für den Gedächtnissport habe ich inzwischen etwa 1000 Bilder vorbereitet statt 100, also für alle Zahlen von 000 bis 999. Eine etwas weniger aufwendige und ebenfalls beliebte Art, das Zahlensystem zu erweitern, besteht darin, nicht eine Tafel mit 100 Bildern zu haben, sondern drei Tafeln mit jeweils 100 Bildern. Eine Option hierfür ist das »PAO«-System, wobei die drei Tabellen stehen für 100 Personen (P), 100 Aktivitäten (A) und 100 Objekte (O). 76 wäre dann vielleicht Koch (P), kochen (A) und Kochmütze (O).

Diese Methode ist auch sehr nützlich, um sich Geburtstage oder historische Ereignisse zu merken. Für die Geburtsjahre etwa wird die historische Person selbst das P, die Jahreszahlen zu Aktivität und Objekt. Für geschichtliche Ereignisse ließe sich das ähnlich anpassen.

In diesem Gedächtnisblitz lernen Sie fünf bekannte und fünf weniger bekannte historische Jahreszahlen auswendig. Stellen Sie sich die beschriebenen Geschichten und Bilder wie immer so gut wie möglich und mit allen Sinnen vor Ihrem inneren Auge vor!

753 v. Chr. Rom wird gegründet
Vielleicht kennen Sie hierzu die Eselsbrücke »753, Rom kroch aus dem Ei!«? Die Gefahr ist, dass der Reim hier nur die Drei wirklich unterstützt. »573, Rom kroch aus dem Ei« klingt genauso gut ... Mit dem Major-System kein Problem.

Stellen Sie sich Römer vor (in meinem Bild wäre das so jemand wie die Römer in den Asterix-Comics). Die betrachten das *Klima* (753) und entscheiden sich, sich niederzulassen und Rom zu gründen.

1492 Columbus entdeckt Amerika
Columbus öffnet eine *Tür* (14). Dahinter sieht er jemanden mit der amerikanischen Flagge als Hose um die *Beine* (92).

1815 Gründung des Königreichs der Niederlande
Ich stelle mir eine *Taufe* (18) vor. Ich finde es ganz *toll* (15), dass der König der Niederlande selbst dieses Kind tauft (vielleicht mit einer lustig abstehenden Haartolle, um das Bild noch zu verstärken).

1914 bis 1918 Erster Weltkrieg
Dass der im 20. Jahrhundert war, weiß ich auch so. Ich stelle mir Soldaten in Uniformen, die zum Ersten Weltkrieg passen, vor, die zusammen durch eine *Tür* gehen (14), ihre Waffen niederlegen und *Tofu* (18) essen.

2001 Anschläge auf das WTC in New York (11. September)
Jemand mit einer riesigen *Nase* (20) *sieht* (01) sich die Twin Tower an, während sich die Flugzeuge nähern. Das sieht er und rettet sich vor dem sicheren *Tod* (11) durch einen

Sprung in einen *Zeppelin* (Bild für September), der in die andere Richtung davonfliegt.
Darf es noch etwas schwieriger werden? Sehr gern:

1517 Luther schlägt seine 95 Thesen an die Kirchentür
Luther *teilt* (151) auf einer *Kuh* (7) sitzend seine Thesen aus. Es ist ja eh nicht ganz klar, ob das mit der Kirchentür stimmt. Vielleicht schmeißt er sie auch in die Luft und dann noch einen *Ball* (95) hinterher.

1853 – 1890 Vincent van Gogh
Van Gogh klebt *Tofu* (18) mit *Leim* (53) auf einen *Bus* (90).

1958 Olaf Scholz geboren
Überlegen Sie sich selbst, ob Sie Olaf Scholz lieber in *Lava* (58) oder bei einem *Lauf* (58) vorstellen. Es geht aber noch einfacher! Die Major-System-Zahl für *Olaf* ist doch 58! Seine Eltern kannten bestimmt 1958 schon Gedächtnistechniken, als sie genau diesen Vornamen ausgesucht haben!

1991 erste Weltmeisterschaft im Gedächtnissport
Stellen Sie sich mich vor, wie ich *Tuba* (19) spielend auf einem *Bett* (91) sitze und mir Zahlen merke.

2002 Euro eingeführt
Klar, 2002 war Gerhard Schröder Kanzler. Trotzdem steht für mich Helmut Kohl symbolisch für den Euro. Ich stelle ihn mir daher stolz vor, wie er eine 2-*Euro*-Münze in die Kameras hält. Für das Jahrtausend haben wir kein Bild nötig. Wir wissen auch so, dass es 2002 war und nicht 1902.

5 Wie Sie sich Namen merken

201 Namen und die dazugehörenden Gesichter innerhalb von 15 Minuten auswendig lernen. Ein Weltwunder? Nein. Aber immerhin ein Weltrekord, mit dem ich ins Guinnessbuch eingetragen worden bin. Wenn Sie die Ihnen inzwischen bekannten Prinzipien der Gedächtnistechniken anwenden, wird sich auch Ihr Namensgedächtnis enorm verbessern. Sie brauchen sich dann keine Sorgen mehr zu machen, ob Sie sich Namen merken können, sondern entscheiden selbst, welche Sie behalten.

Ich kenn dich, aber ich weiß nicht mehr, wie du heißt ...

Wenn ich für Firmen, Verbände oder andere Gruppen vortragen darf, beginne ich gerne mit einer Vorführung im Namenmerken. Ich bin dann ganz normal als Gast des Events ab morgens mit dabei und unterhalte mich in den Pausen mit so vielen Menschen wie möglich. Sie kennen diese Gespräche am Stehtisch oder Kaffeeapparat:

»Darf ich mich dazustellen? Boris Konrad mein Name.«
»Gerne! Guten Morgen, ich bin Klaus Hertel.«
»Schmeckt der Kaffee?«
»Ja, sehr gut!«

Das Ganze wiederholt sich 60- bis 80-mal Wenn ich dann auf der Bühne stehe, bitte ich alle, die mir an diesem Tag ihren Namen schon genannt haben, aufzustehen. Danach begrüße ich alle, die stehen, nochmals namentlich aus dem Gedächtnis. Das kommt immer sehr gut an. Übrigens: Meistens stehen längst nicht alle auf. Viele haben schon vergessen, dass wir uns überhaupt unterhalten haben! Das finde ich auch gar nicht schlimm und nehme ich nicht persönlich. Stattdessen kann ich es gut für den einen oder anderen Scherz verwenden. Aber interessant ist es schon: Sind diese Menschen so vergesslich? Nein. Die kurzen Gespräche im Vorraum sind für unser Gehirn einfach nicht wichtig genug. Wir erwarten nicht, dass das Gegenüber unseren Namen behält. Noch relevanter, die meisten erwarten auch nicht, dass sie selbst den anderen Namen behalten und hören darum gar nicht erst hin. Was für eine verpasste Chance!

Das Gehirn verarbeitet Namen anders als andere Geräusche. Babys können schon mit einigen Wochen ihren Namen erkennen. Wenn Sie schlafen, werden Sie nicht von leisen Geräuschen geweckt, aber wenn Ihr Name gesagt wird, reagiert Ihr Gehirn anders als auf andere Geräusche. Wenn Sie Ihren Schatz wecken wollen, geht das auch besser dadurch, dass Sie Schatzis Namen nennen als durch ein »Schatz, Schatz, Schatzi!!!«.

Vielleicht kennen Sie auch den Cocktailpartyeffekt? Der besagt, dass wir die Fähigkeit haben, uns auf eine Quelle von Geräuschen zu fokussieren, wenn es mehrere davon gibt. Wir können bewusst und ziemlich zuverlässig zwischen den Quellen wechseln. Gut zeigt sich das an der namensgebenden Cocktailparty: Wenn an vielen Stellen Menschen miteinander sprechen und alle Geräusche durcheinanderlaufen, können wir trotzdem bewusst einem Gespräch folgen. Dass Ihr Gehirn dabei aber alles andere nicht völlig unterdrückt, sehen Sie an folgender Beobachtung: Wird in einem anderen Gespräch Ihr Name genannt, dann hören Sie das oft (aber nicht immer) sehr wohl. Wenn Ihr Gehirn den

Namen wahrgenommen hat, wird Ihre Aufmerksamkeit dahin gelenkt. So neugierig sind wir dann doch, dass wir wissen wollen, was da über uns gesagt wird. Sich Namen merken und später verwenden zu können, ist darum eine gute Idee! Sie können Menschen und deren Gehirne anders erreichen und deren Aufmerksamkeit bekommen, indem Sie einfach den Namen ab und zu aussprechen.

Viele, die an meinen Workshops und Trainings teilnehmen, erzählen mir, dass sie sich Namen schwieriger merken können als Gesichter. Kennen Sie das Gefühl auch, dass jemand auf Sie zukommt und Sie denken: »Die kenn ich! Aber wie heißt sie noch gleich?« Oft erinnern wir uns an viele andere Details besser als an den Namen. Meine Mutter geht mit ihrem Hund schon lange zusammen mit den gleichen Menschen Gassi. Wenn wir telefonieren und ich frage, wie es geht, höre ich nicht nur von ihr und meinem Vater, sondern öfters auch von den Hundehaltern der ganzen Nachbarschaft. Wenn ich genug Zeit habe. Aber höre ich auch deren Namen? Nein. »Das Frauchen von Lesli war wieder im Krankenhaus«, »Das Herrchen von Rocko hat einen neuen Job« und »Rex Herrchen ist schon zum zweiten Mal umgezogen dieses Jahr, hoffentlich gefällt es ihm da jetzt besser«. – »Wie heißt der Herr denn?« – »Das weiß ich jetzt auch nicht, aber den kennst du, Rex ist doch der Husky von Nummer 6!« – Erkennen Sie das?

Das Beispiel zeigt, dass in einem gewissen Kontext die Erwartung, Namen zu behalten, nicht sonderlich groß ist. So kann es auch dauern, bis sich überhaupt jemand traut, mal nach dem Namen zu fragen. Schade, und unnötig.

Wie Sie schon wissen, liebt unser Gedächtnis Geschichten, aber Fakten wie Namen eher nicht so. Die Lösung: Machen Sie eine Geschichte aus dem Namen!

Fünf Schritte, um sich jeden Namen zu merken

Um sich jeden Namen merken zu können, empfehle ich einen kurzen Prozess mit fünf Schritten. Führen Sie alle fünf Schritte aus, wenn Sie jemanden kennenlernen. Dann wird sich Ihr Namensgedächtnis gewaltig verbessern. Die Schritte sind wie folgt:

1. Namen verstehen
2. Schlüssel für den Namen
3. Schlüssel für die Person
4. Die Schlüssel verbinden
5. Wiederholen

Schritt 1: Den Namen verstehen

Sie müssen den Namen erst verstehen, bevor Sie ihn sich merken. Klingt logisch, ist aber oft schon das erste Problem. Was tun, wenn Sie den Namen nicht gut verstanden haben? In den meisten Fällen müssen Sie dann noch mal nachfragen. Jetzt denken Sie vielleicht: »Auf die Idee wäre ich auch noch gekommen ...« Aber warum tun Sie es dann nicht.

Wenn ich das in einem Training sage, höre ich oft: »Also, ich mache das sehr wohl so!«. Wenn ich auf Veranstaltungen wie oben beschrieben in den Pausen Namen für mein Gedächtnis »sammle«, beobachte ich auch gerne die anderen Menschen. Ich kann verraten: Die allermeisten tun das nicht. Fällt mir auf, dass jemand den Namen undeutlich ausgesprochen hat, frage ich manchmal danach andere am Tisch: »Wissen Sie noch, wie die Damen hieß, die hier eben mit uns gesprochen hat und gerade weggegangen ist?« Dann höre ich praktisch immer: »Nein, sie hat aber leider auch undeutlich gesprochen.« Beobachten können Sie das auch, falls Sie so etwas anschauen, bei manchen Datingshows im Fernsehen oder auch in den fürs Flirten gefragten Bars. Es scheint alles gut zu laufen im ersten Gespräch, aber beim Verabschieden überlegen beide, wie sie verheimlichen, dass sie nicht mal den Namen des anderen kennen und den jetzt doch noch mal ausfinden müssen. Ups …

Es fühlt sich unangenehm an, ja fast unerzogen, noch einmal nachzufragen. Ich finde, dass das Gegenteil unfreundlich ist. Wenn Sie nicht fragen, dann zeigen Sie Desinteresse. »Die Person ist nicht mal wichtig genug, als dass ich überhaupt versuche, mir ihren Namen zu merken, ich habe ihn ja jetzt schon nicht verstanden und mache trotzdem nichts.«

Sorgen Sie also bitte dafür, dass Sie den Namen verstehen und dann sprechen Sie ihn selbst aus. Grüßen Sie das Gegenüber beim Namen: »Herr Hertel, schön Sie kennenzulernen!«

Die Zeiten verändern sich und je nach Branche wird das Duzen gebräuchlicher. Ich respektiere, wie die anderen sich vorstellen.

»Hallo Pieter, ich bin Boris!«
»Jannis, schön dich kennenzulernen.«
»Frau Goldstein, was für ein schöner Nachname!«
»Herr Dr. Pichler, herzlich willkommen!«
»Mr. Withering, may I show you around?«

Das Lautaussprechen hat zwei Vorteile: Sie wissen sicher, dass Sie den Namen verstanden haben und Sie platzieren ihn erst mal im Kurzzeitgedächtnis. Die folgenden Schritte erfordern Ihre Aufmerksamkeit, insbesondere zu Beginn. Aber wenn man jemanden kennenlernt, kann man nicht eine Minute lang apathisch danebenstehen, an seine Gedächtnisbilder denken und dann sagen: »Jetzt weiß ich Ihren Namen, jetzt können wir uns unterhalten!« Okay, möglich wäre das schon, nur dass dann der gute erste Eindruck, den Sie machen wollen, indem Sie sich den Namen einer Person merken, sofort zunichtegemacht ist. Meine Empfehlung: Beginnen Sie einfach ein ganz normales Gespräch, aber von Zeit zu Zeit verwenden Sie den Namen. Nicht in jedem Satz. Sonst wirken Sie wie ein schlecht ausgebildeter Telefonverkäufer. Aber wenn das Gespräch etwas länger dauert, können Sie sich den Namen erst mal merken, indem Sie ihn gelegentlich wiederholen. »Noch einen Kaffee, Matthias?«

Schritt 2: Schlüssel für den Namen

Wenn Sie den Namen kennen, geht es weiter zum zweiten Schritt: Sie machen sich einen Schlüssel für den Namen. Das kennen Sie schon. Denken Sie etwa an die amerikanischen Präsidenten. Wissen Sie noch, was Sie sich beim Flamingo vorgestellt haben? Atem, der nach Quinoa riecht. Quincy Adams war der sechste Präsident.

BEKANNTE NAMEN

Um so schnell wie möglich an einen Schlüssel für einen Namen zu kommen, habe ich mir ein simples System überlegt. Als Erstes frage ich mich selbst: Kenne ich schon jemanden mit diesem Namen? Wenn das der Fall ist, ist die mir schon bekannte Person mein Schlüsselbild. Es muss schon jemand sein, den ich mir bildhaft vor meinem inneren Auge vorstellen kann oder von dem ich gut weiß, was diese Person tut oder für welche Tätigkeit sie steht. Das können auch Menschen aus meinem privaten und beruflichen Umfeld sein. Mein langjähriger Manager und guter Freund Heinrich »Heini« Kürzeder ist für mich ein gutes Bild, wenn ich einen Heinrich kennenlerne. Den Heinrich, der gerade vor mir steht, stelle ich mir dann zusammen mit meinem Freund Heini vor, und zwar je nachdem, was mir als Erstes einfällt, bei einer Rednerveranstaltung oder beim Mountainbiken. Das sind die Tätigkeiten und Orte, die ich mit Heini verbinde. Hierin sind schon die Schritte 3 und 4 aus dem Prozess zum Namenmerken verarbeitet, das werden Sie gleich sehen.

Lerne ich einen Herrn Luther kennen, dann denke ich natürlich an Martin Luther. Wie er aussah, habe ich nur auf einzelnen Bildern mal gesehen, daher ist sein Bild für mich eher unscharf. Aber natürlich weiß ich, wofür er steht: für die Reformation und berühmte Aktionen wie das Anbringen der 95 Thesen an der Kirchentür in Wittenberg. (Wissen Sie aus dem vorherigen Kapitel noch, wann das war?) Darum ist mein Schlüsselbild für den Namen Luther: etwas an der Kirchentür festmachen.

Bevor es weitergeht, zunächst eine Übung. Überlegen Sie sich Schlüssel für folgende Nachnamen. Sie werden zu diesen Namen oder den meisten davon bekannte Menschen kennen. Aber können Sie sich diese auch bildlich vorstellen? Überlegen Sie, wie oder was Sie von diesen Promis als Gedächtnisschlüssel übernehmen können.

Merkel, Kleber, Lindgren, Lindner, Scholl, Matthäus, Curie, Schiller, Makatsch, Zuse, Kebekus, Gündogan, Streep, Fabergé, Hayali

Auch bei nicht bekannten Nachnamen lautet die erste Frage immer: Kenne ich schon jemanden mit diesem Nachnamen, den ich mir gerade merken möchte? Ist die Antwort nein, dann stelle ich eine zweite Frage: In welcher dieser vier Kategorien kann ich den Namen einordnen?

- Berufe
- Konkrete Bedeutung
- Klingt so ähnlich wie ...
- Schwierig

BERUFSNAMEN

Sehr viele Nachnamen sind eigentlich Berufe. Bäcker, Fischer, Schmidt, Maier, Bauer, Müller. Früher hatten die Menschen einen Vornamen und wenn es im Ort mehr als einen davon gab, unterschied man die zum Beispiel am Beruf. »Wo ist Hans?« – »Welcher Hans?« – »Hans der Bäcker.« In Deutschland gehören 13 der 15 am häufigsten vorkommenden Nachnamen in diese Kategorie.

Leider sind es meistens keine modernen Berufe. Schade, oder? Frank Buchhalter, Anne Arzt, Chantal Berufskraftfahrerin, Liam Scrum-Coach oder Emma Wannabe-Influencer wären schön einfach zu behalten, vor allem wenn es die tatsächlichen Berufe wären. Aber stattdessen haben unsere Vorfahren irgendwann angefangen, die Namen zu vererben, also geben auch wir sie an unsere Kinder weiter. So kann man heute auch mit zwei linken Händen und Glutenintoleranz Frau Bäcker heißen. Aber – und jetzt kommt schon der wichtigste Tipp für diese Kategorie –, um sich den Namen zu merken, lassen Sie sie wieder backen! Ihr Schlüssel für Berufsnamen ist der Beruf, spezifischer die Aktivität, die Ihnen als Erstes in den Sinn kommt, wenn Sie diesen Beruf hören.

Welche Tätigkeit fällt Ihnen zu folgenden als Nachnamen gebrauchten Berufen als Erstes ein?

Bauer, Schäfer, Schreiber, Krüger, Köhler, Schmidt, Krämer, Schuster, Wagner, Zimmermann

NAMEN MIT KONKRETER BEDEUTUNG

Berufsnamen sind eigentlich ein Teil dieser Kategorie, aber ich teile sie lieber auf. Der Unterschied zwischen Berufsnamen und Bedeutungsnamen ist für mich: Ein Bedeutungsname steht für etwas, aber nicht sofort für eine Aktivität. Beispiele sind Namen wie Lange, Fuchs, Waldmann, Winter oder Weiß.

Ein Wald, Schnee oder die Farbe Weiß sind als Schlüssel schnell gefunden für die letzten drei Beispiele dieser Liste. Die Gefahr ist aber, dass diese von selbst etwas weniger gut funktionieren als ein Herrn Koch, den ich mir als Koch vorstelle. Mein Rat ist daher: Wählen Sie als Schlüssel auch hier immer eine Aktivität! Der Schlüssel für Frau Waldmann ist daher nicht ein Wald, sondern eine Waldwanderung. Für Winter ist es eine Schneeballschlacht und für Weiß das Streichen einer Wand mit weißer Farbe. Die Bilder sollen gerne komisch sein, besonders oder auffallend. Frau Beil sehen Sie nicht nur mit einem Beil in der Hand stehen, sondern Holzhacken – oder Knochen. Frau von Löwenstein wird von Löwen auf einen Stein gezerrt und aufgefressen, Herrn Grün sehe ich vielleicht in einer grünen Uniform.

Denken Sie jetzt: »Oh je, ist das nicht sehr unhöflich, wenn ich mir so etwas vorstelle, für jemanden, den ich gerade erst kennenlerne?« Ich finde nicht. Ich weiß, warum ich diese Schlüssel wähle, warum ich mir diese absurden Szenarien vorstelle: Um mir den Namen zu merken! Ich sehe darin keine Bedeutung und renne auch nicht schreiend weg, wenn ich Frau Beil wiedersehe.

Welche Schlüssel finden Sie für diese Namen?

Horn, Engel, Busch, Fink, Maas, Blume, von den Höfen, Braun, Stone, Boom, Schwede, Sauerbier, Aufschneider

KLINGT SO ÄHNLICH WIE …

Sobald Sie die schon bekannten Namen und die ersten beiden Kategorien – Berufsnamen und konkrete Namen – unter Kontrolle haben, können Sie schon sehr viele Namen sicher und einfach behalten. Auch zur nächsten Kategorie ist es dann nur noch ein kleiner Schritt. Diese dritte Gruppe sind Namen, die so ähnlich klingen wie etwas, das Sie kennen. Bei diesen klangähnlichen

Namen passen Sie extra gut auf. Sie stellen besonders sorgfältig sicher, dass Sie den Namen gut verstanden haben. Sie fragen zur Sicherheit nach, auf jeden Fall sprechen Sie ihn einmal laut aus. Dann wählen Sie einen Schlüssel basierend auf dem Wort, an welches Sie der Name erinnert. Sanders klingt wie Sand, Bode wie Boden, Staelens wie Stahl und Smit wie Schmied.

Gut möglich, dass ein Name Sie an etwas anderes erinnert als Ihren Partner. Vielleicht haben Sie selbst unterschiedliche Assoziationen, je nach Situation. Treffen Sie Jan-Willem Hollander, denken Sie, wenn Sie gerade Hunger haben, vielleicht an herrliche holländische Bitterballen und Kroketten, an einem anderen Tag aber eher an Tulpen. Begegnen Sie Herrn Hollander in einer Bar in St. Pauli, denken Sie dabei vielleicht als Erstes an Cannabis. Auch hier machen Sie jeweils wieder eine Tätigkeit daraus!

Überlegen Sie bei folgenden Namen zuerst: Welches Wort klingt so ähnlich wie dieser Name? Suchen Sie dann eine dazu passende Tätigkeit als Schlüssel.

Bacherle, Bartol, Grundl, Hessel, Kersten, Krings, Rix, Schimke, Zschau

SCHWIERIGE NAMEN

Jetzt bleiben noch ein paar Namen übrig, die in keine der Kategorien passen. Oder wo würden Sie diese Namen einsortieren?

Kowalski, Demirci, Herrero, Ferreira, Seppänen, Kalvaitis, Kovac, Lefebvre, Sidirourgos, McDowan.

Diese Namen bedeuten allesamt Schmied in der jeweiligen Landessprache. Hätten Sie das gewusst? Wenn ja, können Sie sich bei jedem dieser Namen einfach die jeweilige Person beim Schmieden (mit einem Hammer auf ein Stück Eisen schlagen) vorstellen. Nur, wahrscheinlich wussten Sie das ebenso wenig wie ich.

Es gibt auch ursprünglich deutsche Nachnamen, die aufgrund von Schreibweise oder Aussprache – zumindest für mich – schwierig sind. Ottovordemgentschenfelde gibt es einige in Deutschland. Dass ein Herr Posamentierer von einem Schärpenhersteller abstammen dürfte, weiß ich auch nur dank Google. Und Frau Pankoks friesischen Nachnamen kann ich nur dank meiner Niederländischkenntnisse einordnen.

Für Namen aus dieser Kategorie habe ich daher mehr als nur einen Schlüssel nötig. Meist brauche ich dann zwei Bilder. Fällt mir ansonsten gar nichts ein, teile ich den Namen silbenweise auf und wähle je Silbe einen Schlüssel, die ich dann alle mit einer Geschichte verbinde.

KoWalSki – Koffer, Wal, Ski
Kalvaitis – Karl weit ist
Sidirourgos – Sieh die Ruhr Gas
Lycklama – Glück Lama

Zu Posamentierer finde ich dann leicht Po, Samen und Tiere. Pankok teile ich in Panne und Koch. Oder denke an der Berliner Stadtteil Pankow, wenn ich dazu ein Bild vor Augen haben sollte. An dieser Stelle lohnt es sich manchmal, auch kurz zu überlegen, ob die Schreibweise wichtig sein könnte. Dann sollten die Bilder noch sorgfältiger ausgesucht werden. Im Gedächtnissport muss sie stimmen, damit ich Punkte sammle, aber im Alltag ist mir das meistens nicht so wichtig.

Probieren Sie jetzt, wieder selbst Schlüssel zu finden. Darunter finden Sie meine Ideen. Auch hier wieder: Nicht als Korrektur oder Musterlösung! Probieren Sie es bitte erst selbst und schauen dann höchstens zur Inspiration auf meine Ideen.

Kazmierczak, Hoxha, Mammadov, Subotic, Virtanen, Dubois, Kleinstübner, Dönnerschlach, Sullivan, Öztürk

Meine Ideen: Jemand, der mir eine Katze im Sack verkaufen will, Hochhaus, Mama doof, U-Boot (oder Neven Subotic), Vier Tannen, dubiös, kleine Stube, Döner Schlacht, Sultan im Van, Östliche Türkei

VORNAMEN

Sie haben jetzt viele Beispiele für Nachnamen gesehen. Je nach Umgebung, Firmenkultur und Alter duzen wir aber auch neue Bekannte und werden uns dann in den meisten Fällen als Erstes den Vornamen merken. Wie schnell kann sich je nach Land unterscheiden. In Österreich ist das anders als in Deutschland, in vielen Berliner Start-ups werden auch Geschäftsführerinnen neuer potenzieller Kunden von Beginn an geduzt, beim Notartermin dann aber sicher nicht mehr.

Jedenfalls wollen Sie sich auch Vornamen merken können. Die gute Nachricht: Alles, was Sie bisher zum Namenmerken in diesem Kapitel gelesen haben, gilt auch für Vornamen. Jetzt ist es so, dass es nahezu keine Vornamen gibt, die einem Beruf entsprechen, und die meisten bedeuten auch nicht gleich etwas, zumindest ist es nicht offensichtlich. Aber dafür wiederholen sich Vornamen häufig.

Wenn Sie einen Thomas treffen, ist das mit großer Wahrscheinlichkeit nicht der erste Thomas in Ihrem Leben. Die Einschätzung als »bekannter Name« aus der ersten Frage kommt viel öfter vor als bei Nachnamen. Machen Sie das zu Ihrem Vorteil! Den Thomas, den Sie kennenlernen, stellen Sie sich vor mit einem Thomas, den Sie schon kennen. Thomas Gottschalk, Thomas Müller oder Thomas Mann vielleicht. Oder Sie bereiten einmal ein Bild für Thomas vor. Für mich ist das kräftig in eine Tomate beißen, sodass der Tomatensaft herumspritzt. Das Bild kann ich dann jedes Mal von Neuem gebrauchen, wenn ich einen Thomas kennenlerne.

Ich verwende dabei bewusst unterschiedliche Bilder für sehr ähnliche Namen. Thomas hat die Tomate, aber Tom sehe ich nervös beim Meet and Greet mit Tom Cruise oder lachend mit der Katze von Tom und Jerry. Bei einem französischen Thomas, der seinen Namen als »Thoma« ohne abschließendes s ausspricht, denke ich mir: »*Tu ma* nicht so komisch, ich weiß doch, dass da noch ein S steht!«

Es gibt mehrere Hunderttausend Anna und Peter im deutschsprachigen Raum und unter heute geborenen Babys halten sich Namen wie Mia und Noah seit Jahren oben in den Charts. Bei uns gibt es da noch geschlechtsmäßige Unterschiede. In Südafrika war 2020 Enzokuhle der populärste Babyname für Jungen. Enzokuhle war dort zudem auch der populärste Name für neugeborene Mädchen. »Und so cool« werde ich es auch finden, wenn ich zum ersten Mal jemanden mit diesem Vornamen treffe und jetzt schon weiß, was ich mir vorstellen werde, weil der Gedächtnisschlüssel schon vorbereitet ist.

Öfter höre ich die Frage: Ist es dann kein Problem, wenn verschiedene Menschen alle in der Erinnerung in Tomaten beißen, weil das das Bild für Thomas ist? Nein, überhaupt kein Problem! Weil die Person selbst ihr Schlüssel ist (siehe Schritt 3), sehen Sie jeden Menschen einzeln in Ihrem Kopf, mit der passenden Aktivität. Dabei können auch unterschiedliche Personen in Ihrer Vorstellung das Gleiche tun, weil sich diese ja deutlich voneinander unterscheiden. Sagen wir mal, Sie sind auf einem Networkingevent. Vielleicht in einer ländlichen Region, wo es viele Gemüsebauern und -händler gibt. Entsprechend erzählen Ihnen mehrere Personen, dass sie Tomaten anbauen oder verkaufen. Da denken Sie hinterher auch nicht, das war nur einer, der sich immer wieder vorgestellt hat, richtig?

Schritt 3: Ein Schlüssel für die Person

Wir haben jetzt ausführlich gesehen, wie sich Schlüssel für Namen finden lassen. Wir haben aber auch einen Schlüssel für das Aussehen der Person nötig. Das ist weniger intuitiv logisch. Wir sehen die Menschen ja. Aber was wir sehen, wird nicht automatisch eins zu eins abgespeichert. Wir haben kein fotografisches Gedächtnis. Also haben wir auch einen Schlüssel nötig, um die Person und ihr Äußeres in unser Langzeitgedächtnis zu bekommen. Wir wollen einen Schlüssel für den Namen haben und einen für den Menschen vor uns, die dann (in Schritt 4) zusammen verbunden werden. Wir müssen also etwas tun, um dafür zu sorgen, dass unser Gehirn den Eindruck, den es von der Person gewonnen hat, wirklich gut verarbeitet.

Meine Empfehlung hierzu: Stellen Sie sich die Person vor, wie sie gerade etwas tut, was sie nicht wirklich macht. Wenn Sie das schaffen, dann hat Ihr Gehirn ein eigenes Bild dieser Person geschaffen und damit auch aufgenommen.

Nehmen Sie mich selbst als Vorbild. Mein Foto finden Sie auf dem Cover von diesem Buch. Stellen Sie sich mich jetzt vor, wie ich Tennis spiele. Stellen Sie sich bitte vor, wie ich mich dabei bewege, wie meine Mimik dabei wohl aussieht, ob es mir Spaß macht oder nicht und ob ich das wohl gut kann oder jeden Ball verfehle.

Jetzt machen Sie ein anderes Bild. Stellen Sie sich mich vor mit einer Nikolausmütze auf dem Kopf. Ich schaue sie mir an, was schwierig ist, da sie auf meinem Kopf sitzt und ich sie nicht herunterbekomme. Das finde ich sehr skurril. Wie gucke ich dabei? Ich fasse die Nikolausnütze an und will sie loswerden.

Als dritten und letzten Teil stellen Sie sich mich vor, wie ich auf ein Konzert gehe. Ich bin begeistert und freue mich darauf. Welche Band spielt wohl? Leider ist alles sehr, sehr, sehr dreckig. Da laufen sogar Ratten rum in dieser Konzerthalle. Fokussieren Sie sich auf mich. Wie reagiere ich wohl?

Wenn Sie es schaffen, sich diese Dinge vorzustellen, dann haben Sie auch ein gutes Bild von mir im Kopf. Anders wäre es Ihnen nicht möglich, in Ihren Gedanken meinen Gesichtsausdruck, meine Motorik und mein Verhalten zu verändern. Diese Bilder sind Ihre Schlüssel für mich, für mein Äußeres.

Es gibt noch eine alternative Vorgehensweise für den dritten Schritt. In einfachen Texten über Gedächtnistechniken lese ich das immer wieder mal, dass dies als einzige Variante vorgeschlagen wird. Das finde ich gar nicht gut. Daher ganz klar: Ich rate Ihnen dazu, es so zu machen wie gerade beschrieben und sich die ganze Person in Aktion vorzustellen, wann immer Sie einen Namen langfristig behalten wollen! Die Alternative kann aber manchmal praktisch sein, wenn Sie schnell sein wollen, aber die Namen nicht langfristig wichtig sind. Für Lehrkräfte, die eine Stunde vertreten, für Guides, die jeden Tag eine andere Gruppe führen und die Namen der Gäste wissen wollen, auch im Gedächtnissport, wo die Namen gelernt und direkt im Anschluss aufgeschrieben werden. Der alternative Weg für Schritt 3 ist: Suchen Sie sich ein markantes Merkmal der Person. Im Gesicht. Aber gegebenenfalls auch an der Kleidung, am Schmuck oder einem anderen Merkmal. Damit verbinden Sie dann im nächsten Schritt den Namensschlüssel.

Hat jemand eine auffällig große Nase? Eine Narbe am Kinn? Ungewöhnlich gefärbte Haare? Eine ungewöhnliche Jacke an? Oder vielleicht eine hervorstechende Kette um? Diese jeweiligen Punkte wären dann Ihr Schlüssel für Schritt 3.

Vielleicht sehen Sie die Gefahr auch schon. Ist der Name nicht nur für jetzt und hier wichtig, sondern sollen Sie sich bei einem späteren Treffen auch noch daran erinnern, kann es schwierig werden. Kleidung und Schmuck werden sich sowieso ändern, aber auch bei Frisuren oder Bärten kann das der Fall sein. Und beim Herrn mit der Narbe am Kinn fallen Ihnen nächstes Mal gerade die großen Augenbrauen auf und Sie versuchen verzweifelt, sich zu erinnern, was Sie damit verbunden hatten. Ist dagegen die ganze Person Ihr Schlüssel, sind solche Veränderungen weniger relevant, Sie wissen Ihre Bilder dann trotzdem noch. Das dauert länger, daher behalten Sie diese Alternative im Hinterkopf, wenn Sie mal in Situationen sind, wo Sie von jetzt auf gleich schnell, aber nur kurzfristig Namen behalten möchten.

Schritt 4: Die Schlüssel verbinden

Diese gerade in Schritt 3 genannten Szenen zu meiner Person waren übrigens auch Bilder für den zweiten Schritt, Schlüssel für meine Namen zu finden. Tennisspielen als Tätigkeit für Boris – zumindest wenn Sie alt genug sind, sich an Boris Becker zu erinnern (und bei ihm als Tätigkeit an Tennisspielen denken). Die Nikolausmütze für Nikolai. Das Konzert mit Ratten für Konrad. Sie sehen auch hier, es könnten völlig andere Bilder sein. Vielleicht denken Sie eher an Boris Johnson als Becker (was es für mich jetzt auch nicht besser macht) und bei Konrad an Adenauer. Da gibt es kein Richtig oder Falsch – es muss aber anknüpfen bei dem, was Sie schon wissen.

Damit haben Sie den vierten Schritt auch schon gemacht. Sie haben die Vorstellung, wie ich vor Ihrem inneren Auge etwas Absurdes tue, mit den Namensschlüsseln verknüpft. Die Zielstellung ist simpel: Wenn Sie jemanden wiedersehen, wollen Sie sich gleich an den Namen erinnern. Sie müssen dafür den Namen und die Person in Ihrem Gedächtnis miteinander verbinden. Dafür müssen Sie die Schlüssel aus Schritt 2 und 3 miteinander kombinieren.

Statt den Menschen in einer willkürlichen Bewegung oder Aktion zu visualisieren, stellen Sie sich den Menschen beim Ausführen der im zweiten Schritt gewählten Tätigkeit vor.

ÜBUNG

Bitte üben Sie nun diese Vorgehensweise. Links sehen Sie jeweils ein Portraitfoto und den Namen. Überlegen Sie selbst, welche Bilder Sie wählen wollen. Danach lesen Sie rechts vom Foto meine Idee, also welchen Schlüssel ich mir ausgesucht habe, um den Namen zu behalten.

Annelies

Annelies – an + lesen. Annelies sehe ich mit einem Buch im dunklen Zimmer laufen. Sie geht zum Lichtschalter, macht das Licht an und setzt sich auf einen Stuhl, um ein Buch zu lesen. Wichtig ist, dass ich mir wirklich diese junge Frau in der Aktion vorstelle und nicht irgendjemanden. Stellen Sie sich die Frage: »Wenn mir diese Dame erzählt, dass sie sehr gerne vor dem Zubettgehen liest oder dass sie als Schriftstellerin tätig ist, was würde ich mir dann vorstellen?«

Sauerbier

Welches Bild hatten Sie sich für den Namen Sauerbier ausgesucht? Ich wäre überrascht, wenn es nicht Saures-Bier-Trinken ist. Also stelle ich mit diesen Herrn Sauerbier vor, wie er das tut. Sofort haben Sie ein Bild? Wird er weiter so ruhig und freundlich schauen? Wohl kaum. Vermutlich spuckt er den Schluck saures Bier sofort wieder aus.

Keldermann

Ich finde Keldermann klingt ähnlich wie Keller und Mann. Also sind das meine Schlüssel. Ich stelle mir vor, dass sie in einem Keller steht und mit einem Mann streitet. Vielleicht ein Handwerker, der dort etwas falsch gemacht hat. Mein Fokus liegt dabei auf Gesichtsausdruck und Bewegung von Frau Keldermann.

Kazmierczak

Herr Kazmierczak lächelt mich freundlich an. »Hallo, ich heiße Kazmierczak«, sagt er. Ich denke: Schwieriger Name, das muss ich aufteilen. »Kaz«, »mier« und »czak« werden für mich dann zu den Schlüsseln »Katze«, »mir« und »Sack«. Dadurch denke ich gleich an das Sprichwort »die Katze im Sack kaufen«. Also sehe ich ihn nun vor meinem inneren Auge, wie er sich mir immer noch vorstellt, aber mit einem Sack in der Hand. So einen, wie der Nikolaus in der Hand hat. Aber der Sack bewegt sich, weil eine Katze darin versteckt ist. Hier muss ich sicher aufpassen, dass ich die Schritte 3 und 4 nicht auslasse. Er selbst muss als Mensch in diesem Bild vorkommen. Also stelle ich mir ihn noch mal bewusst vor, und zwar so, dass ich ihn frage: »Was ist denn in dem Sack?«, und er antwortet: »Eine Katze, möchten Sie die kaufen?«

Hoffentlich haben Sie dieses Gespräch noch nie in echt führen müssen. Wenn es aber so wäre, würden Sie diese absurde Situation und den Menschen nie wieder vergessen! Ihr Vorstellungsvermögen arbeitet aber genauso gut; das nur vorgestellte Bild bleibt fast genauso hängen, als wenn das wirklich passiert wäre. Wenn Sie diesen Herrn daher irgendwann wiedersehen, unterdrücken Sie die erste Reaktion, gleich den Tierschutz anzurufen, sondern erinnern Sie sich: »Warte, das ist gar nicht in echt passiert – ich wollte mir nur den Namen merken … Hallo, Herr Kaz Mier Czak, schön Sie wiederzusehen!«

Schritt 5: Wiederholen

Gedächtnisschlüssel wie in den vorherigen Schritten helfen dabei, Inhalte wie Namen und Gesichter schneller zu lernen und beim ersten Mal zu behalten. Wiederholung sorgt dafür, dass Sie sich so lange daran erinnern können, wie Sie wollen.

Auch bei Namen gilt daher: Um sicher zu sein, dass Sie den Namen von jemandem dauerhaft behalten, sind ein paar Wiederholungen notwendig – aber vermutlich weniger aufwendig, als Sie denken.

Vorab: Wenn Herr Sauerbier ein neuer Kollege ist, werden Sie beim ersten Treffen die Schlüssel überlegen und sich passende Bilder vorstellen. Beim zweiten Treffen werden Sie erst an diese Bilder denken und sich dadurch an den Namen erinnern. Sehr schnell aber wissen Sie Namen auch so, ohne Schlüssel. Bei Herrn Kazmierczak sind möglicherweise ein, zwei weitere Durchgänge nötig, in denen Sie sich erst an die Geschichte erinnern und dann an den Namen.

Die Merkbilder stören das gewöhnliche Lernen nicht. Gedächtnistechniken bewirken auch nicht, dass die Information plötzlich ganz woanders im Gedächtnis landet. Stattdessen unterstützen sie das normale Lernen durch zusätzliche Verbindungen und Abrufstrukturen.

Sehr schnell sind daher auch Gesicht und Name direkt verbunden. Ohne Technik müssen Sie halt mehrmals den Namen hören und wieder vergessen, bevor Sie ihn endlich wissen. Dank Gedächtnisschlüssel wissen Sie den Namen sofort nach dem ersten Treffen, schlussendlich werden Sie ihn aber auch ohne das zugehörige Bild wissen. Dank der Gedächtnistechnik sogar viel schneller. Richtiges Wiederholen gehört als fünfter Schritt zwingend mit dazu.

Nehmen wir Frau Keldermann als Beispiel. Frau Keldermann und andere stellen sich Ihnen bei einem Geschäftstreffen vor. Sie merken sich ihren Namen durch die Schritte 1 bis 4. Schauen Sie danach, während das Treffen läuft , ab und zu in die Runde und erinnern sich an die Namen. »Das war die Frau mit dem Streit im Keller ... Keldermann!« Gewöhnen Sie sich ab sofort an, dass Sie sich nach jedem Meeting oder auch einem Videocall selbst kurz fragen: »Wer war dabei? Waren da auch Menschen, die ich noch nicht kannte? Wenn ja, wie heißen die und mit welchen Schlüsseln habe ich mir diese Namen gemerkt?« Sofern auch der Inhalt des Treffens in der Zukunft relevant sein könnte, fragen Sie sich danach auch noch kurz: »Worüber haben wir eigentlich gesprochen? Welche wichtigen Infos wurden geteilt? Habe ich Aufgaben übernommen?«. Überlegen Sie jetzt kurz: Was stand nochmal in der Box *Testing Effect*?

Gedächtnisblitz: Sieben Maler kennenlernen

Rembrandt Harmenszoon van Rijn – Den Rembrandt kennt jeder. Dank seiner berühmten Selbstportraits vielleicht auch das Gesicht. Aber schon viel weniger Menschen kennen seinen vollständigen Namen. Meine Geschichte für Rembrandt: Ich sehe ihn mit einem Glas *brennendem Rum* in seiner Hand malen. Daneben sitzt sein *Sohn* und spielt auf einer Mund*Harmonika*. Ich habe natürlich keine Ahnung, wie Rembrandts Sohn aussah, ich stelle mir also bildhaft einen Jungen vor. Rembrandt schaut ihn an und fragt: »Woher kommt denn die Mundharmonika?« – »Die habe ich aus dem *Rhein* gefischt.«

Jan (Johannes) Vermeer – Ich schaue mir das Bild an und stelle ihn mir vor, wie er neben *Johannes* dem Täufer läuft und mit ihm spricht: »Gehen wir nicht zum Jordan für die Taufe?« – »Nein. In der *Ferne* sehe ich schon das *Meer*, das ist noch viel besser!«

Hieronymus Bosch – Stellen Sie sich ihn vor, wie er *heroisch*, sein *muss*, um einen in Flammen stehenden *Busch* zu löschen.

Peter Paul Rubens – Ich sehe ihn ein Gemälde betrachten. Er sagt: »Ich kann das *besser*! Ich male jetzt Papst *Paul*.« Mit einem Radiergummi *rubbelt* er das Bild weg.

Jacob van Ruisdael – Probieren Sie erst, selbst Schlüssel zu finden! Meine Idee steht als Anregung hier drunter.

Er ist beim Arzt und ereifert sich, während er sich an den Kopf tippt: »*Ja*! Mein *Kopf* ist *von* Schmerz erfüllt! Der muss *raus da*!«

Albrecht Dürer – Probieren Sie erst selbst, Schlüssel zu finden! Meine Idee steht als Anregung hier drunter.

Er fragt nach Stiften und Pinseln, ist aber enttäuscht. Die sind *alle recht teuer*.

Paul Klee – Probieren Sie erst selbst, Schlüssel zu finden! Meine Idee steht als Anregung hier drunter.

Er spaziert in meiner Vorstellung mit einem Paul (egal ob Paul McCartney, Paul Rudd oder doch Paulus) durch eine Wiese voller Klee.

Viele Namen auf einmal

Ein Treffen mit einer anderen Abteilung am Arbeitsplatz, ein Netzwerkempfang, der Schuljahresbeginn in einer neuen Klasse oder ein neuer Partner, der Sie in seinen Freundeskreis einführt. Selbst wenn Sie meine Technik für Namen bereits geübt haben und sich einen Namen leicht merken können, bleibt es eine Herausforderung, wenn eine ganze Gruppe sich direkt hintereinander vorstellt.

Sie werden anfangs nicht in der Lage sein, für alle jeweils in ein paar Sekunden einen Schlüssel und eine Geschichte zu finden. Als Erstes sollten Sie Möglichkeiten nutzen, das Tempo zu verlangsamen. Wenn Sie den ersten Schritt konsequent durchführen, indem Sie den Namen laut aussprechen, zeigen Sie bereits, dass Sie sich für die Namen interessieren, und Menschen werden sich mehr Zeit lassen. Wenn es nicht mehr als vier Personen sind, genügt es, die Namen laut auszusprechen, um diese vier Namen eine Weile im Kurzzeitgedächtnis zu behalten. Dann gehen Sie pro Person die fünf Schritte für sich selbst durch:

1. Namen verstehen
2. Schlüssel für den Namen
3. Schlüssel für die Person
4. Die Schlüssel verbinden
5. Wiederholen

So verbinden Sie Namen und Gesichter und bringen die gerade noch im Kurzzeitgedächtnis befindlichen Namen ins Langzeitgedächtnis.

Schritt 5 ist hier wirklich wichtig und sollte nicht ausgelassen werden. Wenn Sie es geschafft haben, sich die Namen dieser Gruppe zu merken und vielleicht zum nächsten Tisch weitergehen, schauen Sie allen noch einmal in die Augen und versuchen Sie, sich ihre Namen mit den entsprechenden Schlüsseln in Erinnerung zu rufen. Wenn Sie möchten, können Sie auch jeden noch mal mit Namen ansprechen. »Danke Wilhelm, Anne, Lia und Enzokuhle, schön, dass ich euch kennenlerne!« So werden Sie auf jeden Fall wahrgenommen. Und die anderen werden sich mehr Mühe geben, sich auch Ihren Namen zu merken. Das heißt, wenn sich einer von denen noch an Ihren Namen erinnert.

Ein weiterer Tipp: Bereiten Sie sich vor. Das klingt jetzt wieder viel banaler, als es ist. Bei Geschäftstreffen wissen Sie in der Regel im Voraus, wer teilnehmen wird, da Sie eine Liste haben. Diese lag der Einladung bei oder Sie schauen in die Empfängerliste der E-Mail. Die Liste müssen Sie nicht auswendig lernen, aber Sie können ja schon ein wenig darin lesen und wissen so, welche Namen Sie erwarten könnten. »Müller? Kein Problem. Jung? Ein Kinderspiel. Kawusi? Moment ... Es gibt diesen Faisal Kawusi, Comedian, bekannt aus dem Fernsehen. Den werde ich mir zusammen mit dieser Person vorstellen. Brzycki? Br und zycki ... Ich stelle mich vor, er zittert und macht ›*Brr*‹. Wenn ihn jemand fragt, was denn ist, reagiert er ganz *zickig*.«

Wenn sich jetzt in der Sitzung Herr Brzycki vorstellt, freuen Sie sich sogar! Sie wissen ja schon, was Sie gleich vor sich sehen werden und stellen sich Herrn Brzycki in genau dieser Aktion vor. Auch nach diesem Meeting fragen Sie sich wieder: »Mit wem habe ich gesprochen? Wie habe ich die Namen behalten?«

Am schwierigsten ist es dann, wenn es mehr als eine Handvoll Menschen sind und zudem eine Vorbereitung kaum möglich war. Hierzu ist meine Empfehlung, dass Sie die Namen zunächst in einem Gedächtnispalast ablegen. Wenn Sie die Routenmethode beherrschen und zumindest einen Gedächtnispalast (siehe Kapitel 3) gut vorbereitet haben, dann geht das schneller, als die Namen mit den Gesichtern zu verbinden. Wenn also viele Namen hintereinander folgen, vielleicht am Anfang eines Termins, zu dem Sie kurzfristig dazugebeten wurden, versuchen Sie, sich Schlüsselbilder für die Namen zu machen und diese der Reihe nach in Ihren Gedächtnispalast zu legen, noch ohne auf die Gesichter zu achten. Während das Meeting läuft, können Sie die Liste im Gedächtnispalast durchgehen. Das Bild für den Namen der Person an der siebten Stelle liegt dann am siebten Wegpunkt. Auch so ist die Chance ganz gut, dass wenn Sie im Gedächtnispalast den Namen Mareike »finden«, Sie dann auch zuordnen können, wer das ist. Wollen Sie die Namen langfristig behalten, sollten Sie danach aber immer noch die anderen Schritte durchführen.

Im nächsten Kapitel stelle ich Ihnen ein 30-Tage-Programm für ein großartiges und entspanntes Gedächtnis vor. Darin werden Sie die verschiedenen Schritte zum Namenmerken immer wieder üben. Wenn es Ihnen jetzt noch nach viel Arbeit aussieht, werden Sie schnell merken: Hat man sich erst einmal dran gewöhnt, geht das fast von selbst, so zu denken. Ab diesem Moment können Sie jeden Namen behalten, den Sie behalten wollen.

6 Übung macht den Meister – 30 Tage für volle Kontrolle über das eigene Gedächtnis

Sie haben in diesem Buch viele Techniken für ein besseres Gedächtnis, mehr Entspannung und für mehr Platz im Gehirn kennengelernt und hoffentlich auch ausprobiert.

Ich lade Sie ein, in diesem 30-Tage-Programm vom Wissen ins Handeln zu kommen und einen neuen Umgang mit Ihrem Gedächtnis einzuüben!

Wenn Sie das Buch bis hierhin durchgearbeitet haben, haben Sie viel über das Gedächtnis gelernt. Sie wissen, dass es einen Code gibt, um Ziffern durch Bilder zu ersetzen. Sie haben hoffentlich schon Ihren ersten Gedächtnispalast gebaut. Sie kennen die ersten zehn Präsidenten der USA dank der Peg-Liste. Vielleicht sogar noch mehr, wenn Sie weitergeübt haben. Sie wissen, was ich meine, wenn ich von »Schlüsseln für das Gedächtnis« spreche. Sie wissen auch, dass es verschiedene Techniken gibt, um diese Schlüssel an Schlüsselhaken im Langzeitgedächtnis zu hängen und so direkt mehr Platz im Gehirn zu schaffen.

Vielleicht ist es aber noch schwierig, dieses Wissen selbstständig in praktisch nutzbare Fähigkeiten umzumünzen. Sie kennen die Instrumente, haben diese aber noch nicht völlig verinnerlicht. Damit möchte ich Sie nicht alleinelassen. Ich will Sie viel lieber herausfordern und motivieren. Ich möchte, dass Sie in 30 Tagen sagen können: »Wow, ich kann mir jetzt mehr merken als jemals zuvor! Ich habe jetzt die Kontrolle über die Informationsflut statt andersherum, ich entscheide selbst, was Platz in meinem Kopf bekommt.«

Um das zu erreichen, habe ich einen Plan für Sie zusammengestellt. 30 Tage. 30 meist kleine und ab und zu etwas größere Aufgaben. Es sind verschiedene Übungen, kreuz und quer durch die Themen dieses Buchs. Das soll auch so sein: Ihr Gehirn braucht Zeit, um Erinnerungen zu konsolidieren und um die Methoden fest im Langzeitgedächtnis zu etablieren. Neue Gewohnheiten formen sich im Lauf der Zeit, nicht an einem Tag. Die beste Art, um ein besseres Gedächtnis zu bekommen, mehr Platz im Gehirn zu kreieren und dadurch Stress und Überlastung durch Informationen zu vermindern, ist, die »Tricks« aus diesem Buch regelmäßig anzuwenden. Das eigene Gehirn so zu verwenden, wie es am besten funktioniert. Die Erfahrungen müssen Sie selbst machen, das geht nicht nur durch Lesen. Fordern Sie sich selbst heraus und geben Sie sich 30 Tage, um zu erleben, was mit bewusstem und gezieltem Umgang mit Ihrem Gehirn und Ihrer Aufmerksamkeit alles möglich ist.

Noch mehr Spaß macht es zusammen statt alleine. Außerdem vergrößert es Ihr Durchhaltevermögen, wenn Sie jemand regelmäßig fragt, wie es läuft. Daher empfehle ich, dass Sie jemanden finden, der die 30 Tage mit Ihnen zusammen erleben will. Das kann die Partnerin sein, Ihre Kinder oder Eltern, Menschen aus dem Freundeskreis oder Ihrer Kollegenschaft. Teilen Sie Ihre Freude über Erfolge, berichten Sie von Herausforderungen. Machen Sie keinen Wettkampf daraus. Versuchen Sie, für sich das Beste zu erreichen – nicht besser zu sein als andere. Wir wollen ja gerade *weniger* Druck erfahren! Das bedeutet nicht, dass Sie nicht Ihre Ergebnisse miteinander vergleichen dürfen oder auf spielerische Manier »gegeneinander« Gedächtnisaufgaben spielen können. Aber die Freude am Ausprobieren und Verbessern sollte im Mittelpunkt stehen, nicht das »Gewinnen«.

Den einen Tag wird alles klappen, am anderen nicht. An manchen Tagen haben Sie Zeit übrig und wollen vielleicht sofort weitermachen. Hier rate ich Ihnen: Bleiben Sie bei der einen Übung des Tages. Vertiefen Sie diese gerne noch, wenn die Motivation da ist, aber springen Sie nicht voraus. Mancher Inhalt braucht seine Zeit. Mein Ziel ist, Ihnen langfristig zu helfen. Dafür müssen die Schlüssel ins Langzeitgedächtnis und dafür sind Zeit, Pausen und Schlaf notwendig.

An anderen Tagen haben Sie zu viel zu tun. Die Übung passt einfach nicht auch noch rein. Kein Problem. Dann setzen Sie einmal aus. Am nächsten Tag machen Sie einfach da weiter, wo Sie stehen geblieben waren und holen den Vortag nach. Lassen Sie das Aussetzen aber nicht zur Regel werden. Pausen sind wichtig. Regelmäßigkeit ist aber auch wichtig. Wenn Sie möchten, können Sie gerne ein Journal führen, eine Art Erfolgstagebuch für dieses Programm. Schreiben Sie sich zum Beispiel jeden Abend kurz auf, aus dem Gedächtnis natürlich, was die Herausforderung des Tages war und welche Erfahrungen Sie damit gemacht haben. Genießen Sie auch, dass Sie etwas für sich tun, was sich auf lange Zeit auszahlen wird und die Mühe wert ist. Fordern Sie sich, aber setzen Sie sich bitte nicht unter Druck, wenn das Tagesfazit auch mal ist, dass es heute nicht so geklappt hat.

Haben Sie vor allem Spaß! Beenden Sie jeden Tag mit der Frage: »Was habe ich heute erreicht? Wofür bin ich heute dankbar?« Ganz unabhängig von diesem Trainingsprogramm hilft es Ihrem Gehirn sehr, wenn der Fokus auf den guten Dingen liegt und nicht darauf, was Ihnen Ihrer eigenen Meinung nach nicht so gelungen ist oder welche To-dos immer noch nicht abgehakt sind. Jeden Tag auf diese Art abzuschließen, hilft auch, den eigenen Stress und Druck zu mäßigen, und kann dazu führen, dass Sie besser ein- und durchschlafen.

Viel Erfolg!

Gut zu wissen: Was die Wissenschaft vom Erlernen neuer Gewohnheiten weiß

Haben Sie schon einmal davon gehört, dass es 60 Tage dauern soll, um eine Gewohnheit zu entwickeln oder zu ändern? Tja, das stimmt so leider nicht. Es bedarf keiner genauen Anzahl von Tagen oder Wiederholungen, um eine neue Handlung zur Gewohnheit werden zu lassen. Neue Gewohnheiten zu entwickeln, bleibt schwierig. Aber Sie haben sehr wohl Gewohnheiten, die ja auch irgendwann einmal entstanden sind. Sie putzen sich nach dem Frühstück die Zähne. Wenn Sie ins Auto steigen, schnallen Sie sich an. Wem ein Pups entweicht, der schaut sich um und tut so, als sei es jemand anderes gewesen. Wie passt es zusammen, dass wir so viele Gewohnheiten haben, wenn es so schwierig ist, sie bewusst zu entwickeln?

Anhand dieser Beispiele für Gewohnheiten ist bereits klar, dass bei einer Gewohnheit meist eine Aktion mit einem regelmäßig auftretenden Auslöser verbunden ist. Tätigkeiten mit einem festen zeitlichen Ablauf (nach dem Abendessen ...) oder einem örtlichen Ablauf (wenn ich bei der Arbeit ankomme, laufe ich zur Kaffeemaschine) neigen dazu, zur Routine zu werden. Routinen entstehen auch, wenn etwas immer gleich ist. Jeden Tag nach dem Aufstehen ein Glas Wasser zu trinken, wird viel schneller zur Gewohnheit, als wenn ich das nur montags, donnerstags und jeden Samstag nach Vollmond tue.

Kleine Aktionen werden auch schneller zur Gewohnheit als große. Dass ich die Tür jetzt anders aufmache, weil ein neues Sicherheitsschloss dazugekommen ist, ist schnell verinnerlicht. Um eine ganze Prozedur, die aus mehreren Schritten besteht, auszuführen, braucht man noch Wochen später seine Aufmerksamkeit. Auch etwas, das eine körperliche Bewegung beinhaltet, wird leichter zur Gewohnheit: Sie können sich selbst dazu bringen, jedes Mal, wenn Sie aus einer Tür gehen, zu denken: »Schlüssel?!« Noch besser ist es, nicht nur daran zu denken, sondern absichtlich den Oberschenkel zu berühren, um zu fühlen, ob die Schlüssel in der Hosentasche sind. Das wird dann schnell zur Gewohnheit.

Auch unser Telefon arbeitet mit dieser Art von Auslösern und hat uns erfolgreich beigebracht, jedes Mal schnell zu reagieren, wenn eine App um Aufmerksamkeit bittet. Das ist schade, denn es reißt einen aus der Konzentration und man hat kaum noch Kontrolle über sein eigenes Handeln. Schalten Sie also alle unnötigen Benachrichtigungen aus – und das sind so ziemlich alle –, um sich abzugewöhnen, alle drei Minuten auf Ihr Handy zu schauen.

Zusammenfassend lässt sich sagen: Auslöser, Regelmäßigkeit und physische Handlungen helfen, Gewohnheiten zu schaffen. Um Gedächtnisgewohnheiten zu entwickeln, ist es hilfreich, regelmäßig auf die »neue Art« zu denken. Nicht einmal pro Woche zwei Stunden Gedächtnistraining einplanen, sondern jeden Tag ein paar Minuten. Legen Sie zum Beispiel dieses Buch auf den Küchentisch. Nehmen Sie es jeden Morgen zur Hand, bevor oder während Sie Ihr Frühstück zubereiten, um zu lesen, welche Aufgabe heute ansteht. Haben Sie eine andere Tageszeit im Sinn? Finden Sie einen passenden Auslöser und machen Sie die Übungen dann täglich, wenn dieser Auslöser Sie daran erinnert.

Wer mehr wissen will, liest: *Die 1%-Methode – minimale Veränderung, maximale Wirkung* von James Clear.[21] Das Original erschien 2018 unter dem Titel *Atomic* Habits. Ich kenne James Clear schon seit wir vor vielen Jahren zusammen als »Future Leader« zum St.-Gallen-Symposium eingeladen waren. In seinem Buch erklärt er hervorragend und anschaulich, warum kleine Verbesserungen besser sind als große Veränderungen.

Trainingsplan für Ihr Gedächtnis: 30-Tage-Programm

Tag 1: Bewusster Umgang mit Ihrem Gedächtnis

Wir beginnen ganz leicht: An diesem ersten Tag des Programms versuchen Sie, besonders aufmerksam mit Ihrem Gedächtnis umzugehen.

Bemerken Sie so oft wie möglich, wann Sie Ihr Gedächtnis verwenden. Was sind Sachen, an die Sie sich erinnern wollen? Klappt es gut oder schlecht? Stellen Sie das einfach neutral fest, es ist kein Werturteil. Ärgern Sie sich vor allem nicht, wenn es auch mal nicht klappt. Sagen Sie dann zu sich: »Schau mal! Daran konnte ich mich erinnern!«, oder: »Schade, das wollte ich wissen, aber ich hab es vergessen.«

Stellen Sie auch fest, wenn Sie etwas suchen: »Ich suche jetzt X, weil ich mich gerade nicht erinnere, wo es ist.«

Achten Sie auch darauf: Gibt es Informationen, die Sie heute aufschreiben oder in einem Gerät abspeichern? Vielleicht eine Telefonnummer, einen Termin oder eine Notiz? Wäre es sinnvoll, wenn Sie sich das stattdessen oder zusätzlich merken würden?

Tag 2: Sprich alle Namen laut aus!

Wir sind noch in der Aufwärmphase. Heute geht es um das Namenmerken. Schritt 1 der Methode zum Namenmerken war es, Namen bewusst zu verstehen und sicherzustellen, dass man sie weiß, indem man sie selbst einmal laut ausspricht.

Wenn Sie heute neue Menschen treffen, fragen Sie nach deren Namen. Sprechen Sie den Namen dann einmal selbst aus. Es ist egal, ob es jemand ist, der Ihnen etwas verkauft, in der Arbeit jemand etwas von Ihnen möchte, den Sie noch nicht kennen, oder beim Sport oder beim Hobby Menschen da sind, die Sie noch kennenlernen können. Es ist auch egal, ob Sie diese Menschen real oder digital in einem Videogespräch sehen oder auch nur am Telefon haben. Sorgen Sie dafür, dass Sie Namen erfahren und selbst aussprechen.

Achten Sie gerne auch darauf, ob Menschen das wahrnehmen. Ich sage voraus: wohl die wenigsten. Die meisten sind zu sehr mit sich beschäftigt und damit, wie sie wirken oder aussehen.

Mehr ist heute noch nicht nötig. Klar, Sie dürfen probieren, sich die Namen auch zu merken. Aber es reicht wirklich, wenn Sie mit Schritt 2 beginnen und dafür sorgen, dass Sie die Namen aussprechen.

Begegnen Ihnen heute nur Menschen, die Sie schon kennen? Sprechen Sie deren Namen dann trotzdem aus. »Hallo, Jan!«, »Guten Morgen, Frau Müller!«. Schauen Sie die Nachrichten oder lesen Sie die Zeitung? Achten Sie auch hier auf die Namen der interviewten oder vorgestellten Experten, Politikerinnen, Polizisten und so weiter, so als ständen Ihnen diese tatsächlich gegenüber.

Tag 3: Den Gedächtnispalast wiederholen

Heute geht es um den Gedächtnispalast. Es ist eine Wiederholung, wenn Sie in den vorherigen Kapiteln die Übungen gemacht haben. Falls nicht, dann nutzen Sie den heutigen Tag, um Ihren ersten Gedächtnispalast zu bauen – mit 50 Punkten!

Haben Sie diesen bereits, dann wiederholen Sie ihn. Lernen Sie ihn noch besser kennen. 50 Wegpunkte, aufgeteilt auf fünfmal zehn Punkte. Nehmen Sie sich einen ruhigen Moment, setzen Sie sich hin, schließen Sie die Augen und spazieren Sie einmal durch Ihren Gedächtnispalast. Gehen Sie alle 50 Punkte ruhig ab. Nehmen Sie sich die Zeit, jeden einzeln vor sich zu sehen.

Wie schnell wissen Sie, wo der 37. Punkt ist? Das müssen Sie nicht sofort wissen, aber Sie sollten es doch sicher herausfinden. Versuchen Sie es! Vielleicht sehen Ihre Gedanken dazu so aus: »Zimmer 1 ist von 1 bis 10, also Zimmer 4 von 31 bis 40. Ich gehe als zum vierten Zimmer, darin ist der erste Punkt also die 31 und das war ...« Ab da ist es dann nur ein Weiterzählen bis zur 37.

Zum Schluss stoppen Sie einmal die Zeit, wie lange Sie brauchen, um alle 50 Punkte gedanklich abzugehen. Ohne Druck. Einfach um zu sehen, wie lange das derzeit dauert.

Tag 4: Einkaufen

Heute verwenden Sie Ihren Gedächtnispalast, um eine Einkaufsliste zu lernen. So üben Sie, wie der Gedächtnispalast funktioniert. Hatten Sie sowieso vor, heute die Einkäufe zu erledigen? Super, dann nehmen Sie einfach Ihre reale Liste. Falls nicht, dann haben Sie vielleicht noch eine Liste von letzter Woche in der Tasche. Oder Sie machen sich eine fiktive Liste. Schreiben Sie dann mindestens 20 Dinge drauf. Setzen Sie sich hin und gehen noch einmal die ersten Punkte des Gedächtnispalastes durch. Danach legen Sie jeweils ein Produkt auf einen Wegpunkt, indem Sie sich ein Bild überlegen, also einen Gedächtnisschlüssel machen, und sich das Bild auch so gut wie möglich vorstellen. Vielleicht wird die Haustür mit Butter eingeschmiert? Oder in meinen Schuhen im Flur sind Gurken? Oder die Toilette ist mit Zahnpasta vollgeschmiert?

Nehmen Sie sich Zeit. Wenn Sie die ersten zehn Bilder erzeugt haben, wiederholen Sie diese im Kopf, bevor Sie mit dem elften

Gegenstand auf Ihrer Einkaufsliste weitermachen. Wiederholen Sie immer nach zehn neuen Bildern die bisherigen. Am Ende wiederholen Sie noch einmal alle Punkte, die Sie belegt haben. Anschließend versuchen Sie, ohne auf die Liste zu spicken, alle Dinge aufzuzählen. Ich würde darauf wetten, dass das gut klappen wird! Gibt Ihnen das ein gutes Gefühl? Wenn es beim ersten Mal noch nicht vollständig hinhaut, schauen Sie noch mal auf Ihre Liste. Welche Dinge haben Sie vergessen? Wissen Sie jetzt wieder, welches Bild Sie sich für diese Gegenstände im Gedächtnispalast überlegt hatten? Vielleicht können diese noch skurriler, stärker und merkwürdiger werden oder noch mehr mit dem Wegpunkt interagieren. Bearbeiten Sie Ihre Bilder der vergessenen Dinge und versuchen Sie dann erneut, ob Sie jetzt alles aufzählen können.

Wenn die Liste noch nicht fertig ist, hier noch etwas, was Sie darauf schreiben können: Papier oder leere Karteikarten. Die werden Sie nämlich übermorgen, für die Übung am sechsten Tag, gut gebrauchen können.

Ist es nützlich, sich die Einkaufsliste zu merken? Eingeschränkt. Ja, man kann die Liste auch aufschreiben und mitnehmen. Ich mache es trotzdem gerne aus dem Kopf. Dann kann ich auch während der Woche immer wieder Dinge auf der Einkaufsliste im Kopf mental notieren, wenn mir auffällt, dass etwas leer ist. Auf jeden Fall ist es eine tolle Übung für den Gedächtnispalast.

Tag 5: Ein weiterer Palast

Heute ist einer der wenigen Tage in diesem 30-Tage-Programm, die etwas mehr Ihrer Zeit in Anspruch nehmen. Wenn es heute überhaupt nicht passt, dann tauschen Sie die Tagesaufgabe mit morgen oder übermorgen. Ganz auslassen geht natürlich nicht!

Die Aufgabe heute ist, dass Sie sich Ihren zweiten Gedächtnispalast bauen! Wieder mit 50 Punkten. Ist der erste Ihre Wohnung oder das Haus, in dem Sie leben, dann kann der zweite gut draußen sein. Haben Sie einen eigenen Garten, beginnen Sie dort. Aber auch eine Garage, Gartenhaus, der Vorgarten oder ein Park in der Nähe Ihrer Wohnung sind gut geeignet. Das Einzige, was nicht geht, sind Wegpunkte, die schon in Ihrem ersten Gedächtnispalast sind. Die Vorgehensweise bleibt die gleiche. Bauen Sie Ihren Palast in Gruppen von zehn Punkten. Zehn in einem Zimmer oder einer Richtung. Im Garten eines typischen Einfamilienhauses können das etwa zehn auf der Terrasse, zehn in einem Beet, zehn im Gartenhäuschen, zehn in der Garage und zehn im Vorgarten sein. Jeweils nach zehn Punkten wiederholen Sie alle bisherigen Punkte. Schreiben Sie bitte nicht mit! Schreiben Sie gerne hinterher, wenn Sie alle 50 Punkte angelegt haben, aus dem Kopf auf, welche Punkte das waren, falls Sie später nachsehen wollen.

Tag 6: Auf das Major-System vorbereiten

Als Erstes wiederholen Sie heute Ihren neuen Gedächtnispalast. Gehen Sie alle 50 Punkte im Kopf durch.

Die nächsten zwei Wochen werden Sie täglich eine Gruppe von zehn Bildern für das Major-System lernen. Im Kapitel 4 haben Sie den Code kennengelernt, der die Ziffern von 0 bis 9 an Konsonanten und Laute koppelt. Wiederholen Sie diesen Code nun. S und Z stehen für die 0, T für 1, L für die 5 und so weiter.

Im vierten Kapitel finden Sie auch eine Liste mit Beispielen für 100 Bilder für die Zahlen von 00 bis 99. Gehen Sie diese Liste heute noch einmal in Ruhe durch und stellen Sie sich für jede Zahl die Frage: Welche der Bilder kann ich mir besser vorstellen? Habe ich noch eine eigene Idee? Was kann ich im Kopf sehen?

Welches Bild will ich mir für jede Zahl vorstellen? Suchen Sie sich für jede zweistellige Zahl ein Bild aus. Sushi oder Sascha für 06? Raupe oder Rap für 49? Oder doch lieber Rabe, Rippe oder Europa? Zum Einprägen Ihrer Bilder sind Karteikarten nützlich. (Erinnern Sie sich an die Konzepte *Testing Effect* und *Spaced Retrieval*?) Diese können auch digital sein, etwa in Tools wie Anki, Quizlet oder Remnote (weitere Tools s. S. 138). Wofür Sie sich auch entscheiden, bereiten Sie es heute vor.

Notieren Sie die gewählten Bilder auf Karten oder in einer App. Zum Beispiel schreiben Sie auf die eine Seite einer Karteikarte die Zahl (etwa 93) und auf die Rückseite schreiben Sie, welches Wort für diese Zahl nach dem Major-System steht (zum Beispiel Baum). Wer es kann, zeichnet das Bild auch gerne dazu! Für Anki finden Sie auf meiner Webseite www.boriskonrad.de bereits eine vorbereitete Datei, dann müssen Sie selbst nicht mehr tippen.

Tag 7: Beginn mit dem Major-System

»Aller Anfang ist schwer.« Aber auch: »Egal wie weit der Weg ist, man muss den ersten Schritt tun.« Heute lernen Sie die ersten zehn Bilder, also Bilder für 00 bis 09, auswendig.

Tag 8: Weiter mit dem Major-System und positive Erinnerungen sammeln

Sie werden jetzt einige Tage lang täglich mit dem Major-System weiterüben. Der Schritt besteht darin, jeweils die zehn Bilder vom Vortag (hier: 00 bis 09) zu wiederholen, indem Sie sich selbst fragen: »Welches Bild gehörte zu 05?« Danach lernen Sie zehn neue Bilder. Heute also 10 bis 19.

Da Sie dies jeweils nur einige Minuten kosten wird, kommt nun wieder eine weitere Aufgabe pro Tag hinzu. Heute will ich, dass Sie an besondere Tage und Momente zurückdenken! Sammeln Sie im Laufe des Tages 20 positive Erinnerungen. Was waren die schönsten Tage Ihres Lebens? Die beeindruckendsten Reisen? Ihre größten Erfolge? Sie brauchen sich dafür nicht konzentriert hinsetzen, nehmen Sie lieber die Frage den ganzen Tag im Hinterkopf mit! Wenn Sie zum Beispiel im Small Talk mit Familie oder Kollegen sind, fragen Sie nach gemeinsamen Erinnerungen. Was haben Sie zusammen Tolles erlebt? Wenn Sie ungefähr 20 Erinnerungen beisammenhaben, legen Sie diese in einen Gedächtnispalast. In welchen Ihrer beiden Paläste ist egal.

Wie kann eine Erinnerung in den Gedächtnispalast gelegt werden? Wieder, indem Sie sich etwas vorstellen! Indem Sie eine kurze Geschichte am jeweiligen Wegpunkt vor Augen sehen. Bei mir sieht das so aus: Es klingelt an der Haustür und dort steht meine wunderschöne Frau in ihrem Brautkleid. Erinnerung 1: unsere Hochzeit. An der Garderobe hängen Jacken – und ein »I Love New York«-T-Shirt. Erinnerung 2: meine erste Reise nach New York, kurz nach dem Abi. Wenn Sie diese 20 Erinnerungen ab und zu wiederholen, indem Sie den Gedächtnispalast abgehen, dann haben Sie einen Vorrat persönlicher Glücksmomente, auf den Sie jederzeit zurückgreifen können, wenn es gerade nötig ist. Das kann Stress verhindern und macht glücklicher! Es hilft auch noch in depressiven Phasen.[22]

Tag 9: Was ist das denn für ein Name?

Lernen Sie die Bilder 20 bis 29 des Major-Systems.

Heute arbeiten Sie wieder am Gedächtnis für Namen und Gesichter. Blättern Sie, falls nötig, noch einmal in Kapitel 5, um sich die fünf Schritte bewusst zu machen. Heute fokussieren Sie sich auf Schritt 2: einen Schlüssel für Namen.

Jedes Mal, wenn Sie heute einen Nachnamen hören oder lesen, dann fragen Sie sich kurz: »Kenne ich jemanden, der so heißt? Persönlich oder Prominente?« Und wenn nicht: Was ist das für ein Name? Ein Berufsname? Ein Name mit konkreter Bedeutung? Ein Name, der ähnlich klingt wie etwas anderes? Oder ein schwierig zu merkender, eventuell fremdsprachiger Nachname? Überlegen Sie sich dann entsprechend der Kategorie einen Schlüssel für diesen Namen. Das können Sie aber auch später tun, wenn in dem Moment, in dem Sie den Namen hören, keine Zeit dafür ist.

Hatten Sie vor, heute einen Tag »nichts« zu tun? Also etwa in der Jogginghose auf dem Sofa zu sitzen, vielleicht etwas zu lesen, aber vor allem niemandem zu begegnen? Dann schauen Sie vielleicht mal auf Social Media, in ein Buch oder eine Zeitschrift. Dort finden Sie zahlreiche Nachnamen, mit denen Sie die Tagesübung erledigen können.

Tag 10: Hol das Portemonnaie

Heute stehen die Zahlen wieder etwas mehr im Mittelpunkt. Beim Lernen der 100 Bilder haben Sie schon einige Fortschritte gemacht und sind inzwischen bei 30 bis 39 angekommen. Das war bisher kein Problem, richtig? Gehen Sie noch einmal alle Zahlen von 00 bis 39 durch. Wissen Sie die Bilder sofort oder müssen Sie bei einigen länger nachdenken?

Holen Sie dann Ihr Portemonnaie. Welche Karten haben Sie darin? Bei fast allen werden es zumindest eine EC-Karte und eine Kreditkarte sein, wahrscheinlich auch Führschein, Personalausweis und vielleicht noch eine Bahncard oder Busticket. Im vierten Kapitel haben Sie schon zwei Beispiele gesehen, wie Sie sich die zugehörigen Zahlen merken können.

Nehmen Sie jetzt bitte Ihr Portemonnaie und lernen Sie alle Kartennummern und Angaben von den Karten, die Sie zumindest ab und zu gebrauchen. So vorzugehen lohnt sich vor allem bei Informationen, die Sie dauerhaft im Langzeitgedächtnis behalten wollen. Auch das ist wieder eine Entlastung für Ihren Geist. Zu wissen, alle notwendigen Zahlen, PIN-Nummern und Passwörter auswendig zu kennen, nimmt eine kleine Last von Ihren Schultern. Zukünftig werden Sie nicht mehr nach Karten suchen, wenn Sie etwas bestellen oder am Telefon durchgeben wollen. Selbst wenn die Geldbörse komplett verschwindet, was extrem ärgerlich ist, können Sie zumindest die Kartennummern aus dem Kopf wiedergeben.

Für Kreditkarten und Vergleichbares lernen Sie: die Kartennummer (16 Ziffern), das Gültigkeitsdatum und den Sicherheitscode. Vom Führerschein reicht die Nummer (die in Deutschland auch Buchstaben enthält). Denken Sie sich jeweils eine Merkgeschichte aus. Beginnen Sie die Geschichte mit etwas, was für die Funktion der jeweiligen Karte steht. Schauen Sie dann jeweils, wie viele Ziffern Sie durch ein Bild ersetzen können, und gehen alle Ziffern durch. Natürlich dürfen Sie dafür auf die Tabelle des Major-Systems schauen oder eines der vorgestellten Tools verwenden, die Ihnen beim Bildersuchen helfen.

Hier ein weiteres Beispiel.

Meine Geschichte: Ich steige in den Zug ein (Bahncard). Ich habe Käse in den Händen, den mir jemand wegnimmt, der damit seinen Hund füttert. Was für ein Dussel! Weiß doch jeder, dass Hunde den nicht vertragen. Da sehe ich durch das

Zugfenster einen Turm, auf dem Menschen singen. Ich packe einen Planer, um das zu notieren, so interessant, diese Zugfahrt!

Tag 11: Nimm den Kalender

Teil eins der Übung: Lernen Sie die Bilder zur Hunderterliste des Major-System von 40 bis 49.

Wie oft schauen Sie in Ihren Kalender? Wenn Sie jemand jetzt in diesem Moment anriefe und fragte, ob Sie folgende Woche Donnerstag um 16 Uhr Zeit hätten für ein Gespräch, wüssten Sie dann aus dem Kopf, ob das ginge? Nehmen Sie doch mal Stift oder Papier oder eine Notizapp und versuchen Sie aus dem Kopf – ohne Ihren Kalender anzuschauen –, Ihre geplanten Termine und Aktivitäten von nächster Woche aufzuschreiben. Welche Termine stehen schon fest? Welche Kalendereinträge von Familienmitgliedern wirken sich auch auf Sie aus? Nehmen Sie erst danach den echten Kalender und vergleichen Sie mal, was da tatsächlich steht im Vergleich mit dem, woran Sie sich erinnern konnten. Wie viel stimmt überein?

Teil zwei der Übung: Probieren Sie jetzt, sich alle tatsächlichen Kalendereinträge von nächster Woche mit einem Gedächtnispalast einzuprägen. So wie bei Telefonnummern oder der Einkaufsliste gilt natürlich auch hier, dass gegen das Führen eines Kalenders – auf Papier oder digital – nichts einzuwenden ist. Im Gegenteil: Externe Gedächtnisstützen sinnvoll einsetzen, ist eine gute Idee. Genauso gut ist aber auch die Idee, den Rahmen und die wichtigsten Termine im Kopf zu haben. Es erleichtert Ihnen die Planung weiterer Termine, verhindert so Doppelabsprachen und gibt Ihrem Gedächtnis Struktur. Wenn Sie vielleicht in der Arbeit für Mittwochmorgen drei Stunden mit einigen Telefongesprächen eingeplant haben, wäre es gut, diese Information im Kopf zu haben. Die genauen Gesprächspartner und Zeiten überlassen Sie dann der Agenda.

Beispiele:
Wegpunkt: Treppengeländer.
Kalender: Montag 9 Uhr, Zahnarzt.
Ich stelle mir vor, wie Mondlicht (Montag) über das Treppengeländer leuchtet. Im Lichtstrahl liegt eine Winnie-Pooh-(9-P)-Puppe aus Plüsch, aber mit echten Zähnen (Zahnarzt).

Wegpunkt: Blumenbeet.
Kalender: Dienstag 11.15 Uhr, Kundentermin (Herr Müller) im Büro mit anschließendem Mittagessen bei »El Toro«.
Ich stelle mir vor, dass ein Dino (Dienstag) im Blumenbeet liegt. Tot (11 Uhr) und geviertelt (15 Uhr). Herr Müller steht interessiert daneben, hebt ein Stück Dinoknochen auf und bringt ihn mir ins Büro mit. Ich betrachte es und frage ihn: »Sicher, dass das ein Dino war? Sieht für mich eher aus wie das Horn von einem Stier!« (El Toro).

Tag 12: Eine neue Peg-Liste

Zum Major-System: Sie kennen nun die Bilder 00 bis 49 und damit die erste Hälfte. Herzlichen Glückwunsch! Heute kommen keine weiteren dazu. Wiederholen Sie aber die von gestern.

Arbeiten Sie heute an den Schlüsselhaken. Sie haben bereits zwei Gedächtnispaläste. Wenn Sie im Lauf des Tages ein paar Momente haben, in denen Sie auf etwas warten, gehen Sie die Gedächtnispaläste einfach mal gedanklich durch. Erst ruhig, wenn Sie Lust haben, dann aber auch mal so schneller.

Wiederholen Sie auch die Peg-Listen aus Kapitel 2. Das ist eventuell etwas schwieriger, wenn Sie diese bisher noch nicht weiterverwendet haben. Zur Erinnerung: Es geht hier um die Liste mit den Reimworten von Bein für ein(s) bis Sehen für zehn. Und um das Tieralphabet. Haben Sie die Übung mit den ersten zehn amerikanischen Präsidenten gemacht? Vom Kleidung-waschenden Affen (1 – Washington) bis zum Thai-lernenden Jaguar (10 – Tyler). Hatten Sie schon weitergemacht bis 26? Wo das Zebra über die Rose gefallen ist (Roosevelt)? Hoffentlich sagen Sie jetzt: »Klar! Das wusste ich alles noch. Ich habe schließlich die Übung gemacht!« Dann dürfen Sie heute den Rest lernen (und ansonsten gehen Sie zurück zum entsprechenden Kapitel und lernen erst mal die erste Hälfte)!

Machen Sie eine zweite Peg-Alphabetliste. Mein Vorschlag: Obst und Gemüse. Von Apfel bis Zwiebel. Nehmen Sie also als Erstes etwas zu schreiben und notieren Sie untereinander die Buchstaben von A bis Z. Ergänzen Sie diese zu etwas Leckerem bei jedem Buchstaben.

Hier sind die Namen der Präsidenten 27 bis 46: Taft, Wilson, Harding, Coolidge, Hoover, (Franklin) Roosevelt, Truman, Eisenhower, Kennedy, (Lyndon) Johnson, Nixon, Ford, Carter, Reagan, (George HW) Bush, Clinton, (George W) Bush, Obama, Trump, Biden.

Suchen Sie jetzt für jeden Namen einen Schlüssel und hängen Sie diese an Ihre neue Peg-Liste mit Obst und Gemüse. Für Herrn Taft und einen Apfel können Sie sich vorstellen, dass jemand einen Apfel in Taftstoff wickelt. Kennen Sie den Stoff nicht, denken Sie vielleicht, dass Sie Pflegeprodukte der Marke Taft auf den Apfel sprühen. Der Drei-Wetter-Apfel sozusagen. Anfangs denken viele, dass es eine extrem umfangreiche und sehr schwierige Aufgabe werden wird, dies insgesamt 46-mal für alle Präsidenten zu machen. Gehen Sie aber einfach Schritt für Schritt vor. So wird klar, wie reduziert jede einzelne Aufgabe ist. Sie brauchen nur einen Namen und eine Sache auf der Peg-Liste verbinden. Weil die Schlüssel dann jeweils sicher auf ihrem jeweiligen Tier oder Obst, also auf einem Haken, liegen, können Sie das Ganze in Ihrem eigenen Tempo machen, mit so vielen Pausen, wie Sie wollen.

Tag 13: 100 Bilder

Wiederholen Sie Ihre neue Peg-Liste von gestern und die Präsidenten von Amerika, die Sie damit gelernt haben.

Dann geht es weiter mit den 100 Bildern des Major-Systems. Wiederholen Sie die erste Hälfte. Gehen Sie sie im Kopf durch. Können Sie alle nennen? Versuchen Sie, die jeweiligen Bilder vor sich zu sehen. Bei manchen Bildern wird das schwieriger sein, bei anderen leichter. Konzentrieren Sie sich auf die schwierigen und wählen Sie ein festes Bild. Ist die 23 bei Ihnen Nemo? Überlegen Sie dann, ob es sich um Nemo, den Clownfisch, handelt oder doch um Kapitän Nemo, aus Jules Vernes Werk.

Dann machen Sie weiter und lernen die Bilder 50 bis 59 des Major-Systems!

Tag 14: Wonach suchen Sie?

Lernen Sie die Zahlenbilder für 60 bis 69. Zwei Drittel sind geschafft!

Darüber hinaus fragen Sie sich heute: Wonach suchen Sie? Wann greifen Sie zu Ihrem Handy, um etwas zu googeln oder Notizen oder E-Mails zu durchsuchen? Versuchen Sie heute, sich bewusst zu machen, wie oft dies geschieht. Wenn Sie möchten, können Sie einen Stift und Papier in Ihre Tasche stecken und jedes Mal, wenn Sie etwas nachschlagen, einen Strich oder Ähnliches setzen. Auf diese Weise schenken Sie dem Suchen zusätzliche Aufmerksamkeit und können sich fragen: »War das notwendig?« Wie viele Striche gibt es am Ende des Tages? Hätten Sie Zeit sparen können, wenn dies nicht notwendig gewesen wäre?

Tag 15: Lebenslang lernen

Heute sind die Zahlen 70 bis 79 dran! Sie machen das super!

Natürlich lernen wir jeden Tag. Und doch ist es ein Unterschied, ob wir zum Beispiel noch in der Schule, im Studium oder in einer Ausbildung sind – und dafür etwa Prüfungen vorbereiten müssen – oder nicht. Leider scheuen meiner Meinung nach viel zu viele Menschen nach dem Abschluss ihrer Ausbildung, noch mal große Lernherausforderungen anzugehen. Aus falscher Sorge, es nicht zu schaffen, und auch aus einem Mangel an den richtigen Lernstrategien. Die haben Sie jetzt.

Machen Sie heute eine Übersicht:

- Was muss oder will ich derzeit lernen?
- Gibt es Dinge, die ich gerne lernen will, aber wofür ich mir bisher nie die Zeit genommen habe?
- Gibt es Dinge, die ich gerne lernen will, aber wo ich mir Sorgen mache, ob ich das überhaupt schaffen kann?

Denken Sie nicht nur an Schule und Studium. Vielleicht machen Sie beruflich gerade eine Weiterbildung oder hätten die Gelegenheit dazu? Gibt es bei Ihnen im Betrieb Personalentwicklungsangebote, die Sie nutzen oder gerne nutzen würden? Haben Sie Angebote für Seminare oder Trainings abgespeichert, wo Sie immer noch einmal schauen wollten, ob das passen könnte? Wollen Sie eine neue Sprache lernen oder vorhandene Fremdsprachenkenntnisse auffrischen oder verbessern? Gibt es Prüfungen, die

Sie für Ihren Beruf regelmäßig ablegen, Weiterbildungspunkte, die Sie sammeln müssen? Vielleicht doch noch einen Führerschein, Flugschein oder Segelschein machen? In der Schule und der Ausbildung können Gedächtnistechniken eine große Hilfe sein und in allen anderen Aus- und Weiterbildungen auch. Wenn Sie Lernaufgaben auf Ihre Liste gesetzt haben, denken Sie darüber nach, wie die von Ihnen erlernten Lern- und Gedächtnistechniken helfen können.

Gibt es nichts, was derzeit in diese Richtung ansteht? Vielleicht wäre es dann genau der richtige Moment, sich noch einmal eine solche Aufgabe zu suchen, sich selbst herauszufordern! Die beste Art, das eigene Gehirn langfristig gesund zu halten, ist es zu benutzen und es zu fordern.

Tag 16: Weiter mit Namen

Zahlen 80 bis 89. Zielgerade in Sicht!

Heute üben Sie den dritten Schritt der Methode zum Namenmerken. Verbinden Sie Bilder für Personen mit dem Namensbild. Wenn Sie heute jemanden sehen, stellen Sie sich diese Person beim Sport vor. Welche Sportart, das ist egal. Auch ob Sie die Person schon kennen oder nicht. Wenn Sie zum Beispiel einen Kaffee beim Bäcker, im Café oder am Bahnhof kaufen sollten, stellen Sie sich die Bedienung vor, wie die, statt Ihnen Kaffee zuzubereiten, Golf spielt. Wie würde sie oder er dabei aussehen? Welche Bewegung sehen Sie? Welche Mimik? Ist die Person wohl gut im Golfen oder nicht? So üben Sie sich darin, in dieser Art zu denken und sich solch merkwürdige Bilder zu überlegen.

Auch diese Übung geht fast genauso gut beim Fernsehen, Streamingschauen oder Zeitunglesen. Stellen Sie sich die Menschen, die dort zu sehen sind, in Aktionen vor, die diese nicht wirklich ausüben. So erschaffen Sie in Ihrem Kopf Bilder dieser

Menschen, die stark genug sind, dass Sie diese vor dem inneren Auge beeinflussen können.

Tag 17: Zahlen-Zieleinlauf

90 bis 99! Geschafft! Lernen Sie die letzten zehn Bilder und wiederholen Sie dann alle 100.

Seien Sie stolz auf sich! Sie haben jetzt eine Liste mit 100 Bildern für die Zahlen von 00 bis 99 im Kopf und zur Verfügung. Damit können Sie beeindruckende Gedächtnisleistungen vollbringen. Für das Merken von Zahlen, Ziffern und alles, was als Ziffer kodiert werden kann, haben Sie nun einen festen Platz im Gehirn. Sie können sich hier ganz in Ruhe spielend leicht mehr merken, als die meisten Menschen selbst unter großer Anstrengung hinbekommen würden.

Ganz angekommen sind Sie vielleicht noch nicht. Die 100 Bilder haben Sie jetzt. In den kommenden Tagen üben Sie noch ein wenig am Tempo. Und Sie üben vor allem, wie Sie diese Bilder benutzen und etwa im Gedächtnispalast ablegen können. Aber noch nicht heute. Heute feiern Sie, dass Sie die 100 Bilder gelernt haben!

Tag 18: Bewusstes Weglegen

Die letzten Tage haben Sie täglich zehn neue Bilder gelernt, meist neben einer weiteren Aufgabe. Das haben Sie geschafft, dafür haben Sie auch etwas Zeit investiert. Heute dürfen Sie es ruhig angehen. Keine neue Übung, keine weitere Gedächtnistechnik. Setzen Sie heute das Thema Aufmerksamkeit in den Mittelpunkt.

Jedes Mal, wenn Sie etwas weglegen, etwas aus der Hand legen, sagen Sie zu sich selbst oder gerne auch laut, was es ist und wo Sie es lassen.

- »Ich lege jetzt den Schlüsselbund in die Schale.«
- »Ich lege meine Brille auf die Arbeitsplatte in der Küche.«
- »Mein Fahrrad schließe ich am dritten Ständer der zweiten Reihe von links an.«
- »Die Codes für die Atombomben lege ich zurück unter die Dose meiner orangen Perücke.«

Achten Sie heute bewusst darauf, was Sie sonst vielleicht öfter unbewusst weglegen und verlegen. Wenn Sie alles in dieser Art und Weise aus der Hand legen, werden Sie viel seltener nach Dingen suchen.

Tag 19: Noch einen Palast dazu

Wiederholen Sie Ihre ersten beiden Gedächtnispaläste. Danach bauen Sie sich einen dritten. Auch der sollte wieder fünfmal zehn Punkte haben.

Drei Gedächtnispaläste mit 50 Punkten, so viele haben wir auch in unseren Studien verwendet. Damit kommt man schon richtig weit! Für alltägliche Aufgaben im Leben wie dem Managen von Familie und Beruf, Informationen, die Sie bekommen, unregelmäßig neue Namen, Passwörter oder Termine – dafür reichen drei Paläste schon völlig aus! Bei zwei Bildern pro Wegpunkt, wie wir es in den Übungen teilweise gemacht haben, können Sie sich mit Ihren drei Palästen schon 300 Begriffe merken, 1200 Ziffern mit dem Major-System oder 300 Schlüssel für die Inhalte, um die es Ihnen eigentlich geht. Und natürlich können Sie wie in Kapitel 3 besprochen die Wegpunkte und Paläste wiederverwenden.

Einen dritten Palast zu haben, ist auf jeden Fall gut. Dieser ist immer noch ganz einfach zu finden! Haben Sie einen Gedächtnispalast in der Wohnung oder im Haus und einen im Garten oder Park, bauen Sie Ihren dritten Gedächtnispalast vielleicht in der Arbeit, in der Schule oder Uni. Andere Möglichkeiten sind Wanderwege, Geschäfte oder das Haus von Eltern, Verwandten oder Freunden. Haben Sie noch mehr Inspirationen hierfür nötig? Zu möglichen Orten für Gedächtnispaläste finden Sie im Kapitel 3 weitere Beispiele, die Sie noch einmal nachlesen können, wenn gewünscht.

Tag 20: Ziffern merken

Heute werden Sie sich so richtig beeindrucken. Sie werden eine Gedächtnisleistung schaffen, die richtig gut ist und zu der nur sehr wenige Menschen fähig sind. Sie werden sich eine Folge von 100 Ziffern einprägen! Dies ist die größte Herausforderung im 30-Tage-Programm in diesem Kapitel. Sie brauchen dafür Ruhe und einen Platz, an dem Sie sich ungestört konzentrieren können, und je nach Trainingsstand und Talent rund eine halbe Stunde Zeit.

Dies sind die Ziffern (aufgeteilt in Zweiergruppen):
14 15 92 65 35 89 79 32 38 46
26 43 38 32 79 50 28 84 19 71
69 39 93 75 10 58 20 97 49 44
59 23 07 81 64 06 28 62 08 99
86 28 03 48 25 34 21 17 06 79

Wiederholen Sie als Erstes Ihren neuen Gedächtnispalast von gestern. Den verwenden Sie für die Übung heute. Sie müssen den Palast also gut genug kennen, dass Sie alle 50 Punkte vor Ihrem inneren Auge abgehen können. Die Ziffern merken Sie sich immer paarweise, also zwei zusammen. Für jeweils zwei Ziffern erinnern Sie sich an Ihr zugehöriges Bild aus der Hunderterliste, die Sie in den letzten Wochen gelernt haben. Diese Bilder legen

Sie dann der Reihe nach in Ihren Gedächtnispalast. Für diese Übung legen Sie jeweils nur ein Bild auf einen Wegpunkt. Jeweils nach zehn Punkten, also 20 Ziffern und damit einer Zeile mit Ziffern hier im Buch, wiederholen Sie diesen Raum Ihres Palastes im Kopf. Befinden sich alle zehn Bilder in diesem Raum? Sehen Sie diese noch vor sich? Wenn nicht, gehen Sie noch mal zurück, sehen Sie nach, welche Zahlen es waren, und überlegen Sie, wie das Bild noch stärker, merkwürdiger oder lustiger werden kann oder wie Sie die Interaktion vom Zahlenbild mit dem Wegpunkt im Gedächtnispalast verbessern können.

Es ist nicht wichtig, wie lange Sie brauchen. Ich will, dass Sie es schaffen. Ich weiß, dass Sie es können! Wenn es Ihnen zu lange dauert, teilen Sie es auf. Es muss nicht alles in einem Durchgang klappen. Machen Sie eine Pause, aber später auch weiter! Wenn Sie alle 50 Bilder erzeugt und im Gedächtnispalast abgelegt haben, wiederholen Sie noch einmal ruhig alles, indem Sie die Augen schließen und ab Punkt 1 schauen, ob Sie die Bilder und damit die Zahlen noch wissen.

Geschafft? Super! 100 Ziffern ist echt eine Leistung! Zugegeben, eine Alltagsaufgabe ist das nicht. Wer muss sich schon 100 Ziffern merken? Das ist eher etwas für Gedächtnissportler. Nichtsdestotrotz sind Gedächtnispaläste ein tolles Mittel für weniger Stress im täglichen Leben: Sie gehen mit der Informationsflut entspannter um, setzen Ihr Gedächtnis kontrolliert ein und können auf den Platz im Gehirn gezielt zugreifen.

Mit der heutigen Übung haben Sie sich selbst herausgefordert, etwas nicht Alltägliches geschafft. Hoffentlich haben Sie sich selbst etwas begeistert. Und Ihrem Selbstbewusstsein, was das Gedächtnis angeht, einen Schub gegeben. Sie haben inzwischen mehrfach die Erfahrung gemacht, dass Bilder in einem Gedächtnispalast abzulegen echt nicht schwierig ist. Sie wissen, dass Sie sich zukünftig nicht stressen müssen (»Werde ich mir das merken?«), weil alles, was Sie im Gedächtnispalast auf diese

Weise lernen und durch Sich-daran-Erinnern verstärken, auch dortbleibt.

Vergessen Sie nicht, dass Sie gerade erst angefangen haben, so zu lernen. Wenn Sie die Methode öfter gebrauchen, dann entwickeln Sie mehr Routine. Wenn es heute noch anstrengend war, etwas Zeit gekostet hat, wird jede weitere Anwendung leichter und schneller von der Hand gehen. Ich möchte Ihnen helfen, das zu erreichen. Wenn Sie an dem Punkt sind, wo Sie nicht länger zweifeln, ob Ihre Gedächtnisschlüssel im Gedächtnispalast einen Platz finden und dort hängen bleiben, dann haben Sie das Ziel erreicht. Dann haben Sie eine Methode, um selbst zu entscheiden, welche Information, welche Erinnerung oder welche Zahlen einen Platz in Ihrem Gehirn bekommen. Der Gedächtnispalast gibt Ihrem Gedächtnis die Struktur, die es von selbst für viele Inhalte nicht hat. Je öfter Sie ihn verwenden, umso stärker wird das Fundament Ihres Palastes und damit Ihres entspannten Geistes.

Tag 21: Sie entscheiden, was Platz im Gehirn bekommt!

Nehmen Sie noch einmal etwas zum Schreiben und notieren Sie die 100 Ziffern von gestern. Alle noch da? Wenn Sie gestern am Ende alle 100 Ziffern auswendig wussten, ist die Chance groß, dass Sie diese auch jetzt noch wissen. Oder zumindest den allergrößten Teil davon. Ein gutes Gefühl, oder? Nach dieser tollen Leistung ist heute wieder, was dieses Programm angeht, ein entspannter Tag.

Machen Sie sich heute selbst bewusst: Sie haben die Kontrolle, was Sie im Kopf behalten und was Sie loslassen. Welchen Informationen begegnen Sie, welche davon wollen Sie eigentlich ganz gerne behalten?

Wollen Sie vielleicht die ersten 100 Nachkommastellen der Kreiszahl Pi auswendig wissen oder lieber nicht? Es gibt Tausende Menschen, die stundenlang trainieren, um diese zu wissen, und sich auf eigenen Listen und in Clubs im Internet versammeln. Und das sind nicht alles Mathelehrer.

Sie haben das gestern ganz nebenbei geschafft. »Wie bitte?« Oh ja, das hatte ich vergessen, Ihnen zu sagen. Die 100 Ziffern von gestern sind die ersten 100 Nachkommastellen von Pi. Sorry. Und herzlichen Glückwunsch!

Ich werde Ihnen an Tag 28 vorschlagen, diese Ziffern noch einmal zu wiederholen, um zu sehen, dass Sie die dann noch wissen. Danach entscheiden Sie natürlich auch hier selbst, ob Sie in einigen Wochen und Monaten die zugehörigen Bilder in Ihrem Gedächtnispalast nochmals wiederholen, um sich so dauerhaft an diese 100 Ziffern zu erinnern. Das ist einer der großen Vorteile der Gedächtnistechniken: Sie entscheiden, was Platz im Langzeitgedächtnis bekommt. Sie entscheiden, was Sie behalten und vergessen. Sie kontrollieren Ihr Gedächtnis!

Tag 22: Schlüssel machen und immer etwas zum Small Talk parat halten

Im zweiten Kapitel gibt es das Unterkapitel »Schnellkurs Schlüsselmacher«. Lesen Sie es am besten noch einmal kurz durch.

Für viele Anwendungen von Gedächtnistechniken im täglichen Leben ist es wichtig, Schlüssel zu machen für die Dinge, die Sie sich merken wollen. Diese Schlüssel, also Bilder, können Sie sich dann gut merken. Das haben Sie bereits bewiesen. Schlüssel für ganze Sätze zu finden, kann schwieriger sein als für einzelne Begriffe. Machen Sie sich klar: Ein Schlüssel ist eine Vorstellung, meist bildhaft, die Sie mit einem Platz im Gehirn verbinden können. Durch die Geschichtenmethode, eine Peg-Liste oder im Gedächtnispalast. Machen Sie es sich nicht unnötig schwer, Ihre ersten Assoziationen sind meistens gut genug!

Das dürfen Sie nun wieder üben. Hier sind zehn absurde Fakten, mit denen Sie immer ein Thema beim Small Talk haben:

- Beim Joggen jonglieren ist ein eigenes Marathonphänomen. Es heißt Joggling.
- 1967 kam der nigerianische Bürgerkrieg zwei Tage zum Stillstand, weil beide Seiten Pelé in einem Fußballspiel zusehen wollten, als Brasilien in Nigeria antrat.
- Jeder Hund hat einen eindeutigen Nasenabdruck.
- Das Einhorn ist das Nationaltier Schottlands.
- Das Wort »Magermilchjoghurt« hat alle fünf Vokale in der richtigen Reihenfolge.
- »Borschtsch« heißt auf Englisch »borscht«, Spanisch »borsch« und auf Französisch »Bortsch«.
- Das Wort Kaffee geht zurück auf das arabische Wort *qahwa*, was neben Kaffee auch Wein bedeuten kann.
- Pandabären in Zoohaltung können eine Schwangerschaft glaubwürdig vortäuschen, um mehr Futter von den Wärtern zu bekommen.
- Die Städte Trier, Neuss, Worms und Augsburg gelten als Kandidaten, die älteste Stadt Deutschland zu sein.
- Königin Elizabeth II. hat vier Kinder. Charles, Anne, Andrew und Edward. Charles und Anne waren schon geboren, als Elizabeth gekrönt wurde.

Überlegen Sie sich Schlüssel für diese Fakten und merken Sie sich diese mit einer Peg-Liste (zum Beispiel den Reimworten) oder in einem Gedächtnispalast.

Tag 23: Hilf den Menschen, sich deinen Namen zu merken

Heute drehen wir es um. Versuchen Sie, anderen Menschen zu helfen, Ihren Namen gut zu verstehen und sich zu merken. Machen Sie das, indem Sie gleich einen Schlüssel für Ihren Namen mitgeben.

In welche Kategorie gehört Ihr Name? Wählen Sie dann einen Schlüssel, damit sich andere Menschen Ihren Namen merken können. Machen Sie das für Vor- und Nachname. Überlegen Sie sich dann eine Art, sich vorzustellen, in der Sie die Schlüssel nennen. Das darf lustig sein, aber gerne auch so, dass es auch im Beruflichen noch geeignet ist.

Bei mir sieht das vielleicht so aus: »Hallo! Ich bin Boris. Wie Boris Becker, nur ohne Tennis.«

Andere Beispiele?

»Fischer, aber ohne Angel.«

»Weiß, so wie Schwarz, nur heller.«

»Amrani. Wie Armani, aber r und m sind verdreht.«

»Celik. Das spricht sich wie Angelique, aber ohne An.«

Wenn Sie Menschen begegnen und sich vorstellen, nutzen Sie heute diese Variante. Wie reagieren Menschen darauf?

Tag 24: Spielen und Teilen

Machen Sie dieses 30-Tage-Programm mit jemand anderen zusammen? Weiß Ihre Familie, dass Sie sich derzeit mit Ihrem Gedächtnis beschäftigen?

Es gibt verschiedene bekannte Spiele, bei denen ein gutes Gedächtnis nützlich ist. Schauen Sie, ob Sie heute mit anderen solche Spiele spielen können. Verwenden Sie dann natürlich Ihre stetig besser werdenden Gedächtnisfähigkeiten und Merktechniken. Spielen Sie »Ich packe meinen Koffer und nehme mit«. Merken Sie sich dann die Worte mit einer Merkgeschichte oder in einem Gedächtnispalast. 50 Sachen schaffen Sie dann locker. Hoffentlich ist der Koffer groß genug!

Das Spiel Memory ist auch in fast jedem Haushalt vorhanden. Holen Sie es auch mal wieder aus dem Schrank. Stellen Sie sich dann für jedes neue Bild, wo erstmals eins der beiden aufgedeckt wird, etwas vor. Eine Möglichkeit ist es, sich die Weltkarte über der Spielfläche vorzustellen. Wenn ein Bild umgedreht wird denken Sie: »Welcher Kontinent wäre an dieser Stelle? Welches Land? Wie kann ich das Bild der Karte mit diesem Ort verbinden?«. Ist links oben der Apfel, stellen Sie sich eisige Äpfel in Alaska vor. Die Katze unten in der Mitte? Stellen Sie sich vor, wie die Hauskatze die Löwen in Südafrika verjagt.

Lust, das Memoryspiel zu variieren? Legen Sie dann von jedem Pärchen eine Karte zurück in die Schachtel. Die verbliebenen mischen Sie und legen jeweils zwei Karten nebeneinander. Jetzt gehen die Spielenden abwechselnd vor und beschreiben zu den Pärchen lustige Bilder, wie die Karten miteinander verbunden werden können. Fisch und Motorradfahrer? Der Motorradfahrer hat ein Aquarium als Helm. Blume und Zug? Der Zug ist heute ganz toll mit Blumen dekoriert. Danach drehen Sie die Karten wieder um, mischen erneut und spielen wie gewohnt. Nur statt zweimal das gleiche Bild müssen jetzt die Bilder gefunden werden, die vorher nebeneinander lagen. Ängstliche machen beim ersten Mal ein Foto vor dem Neumischen, aber keine Sorge. Wenn Sie sich die Bilder vorstellen, wird immer mindestens eine Person noch wissen, was zusammengehörte.

Fällt beim Spielen Ihr verbessertes Gedächtnis auf? Erzählen Sie dann, wie Sie vorgegangen sind, welche Gedächtnistechniken Sie verwendet haben. Was wir anderen erklären können, das haben wir selbst so richtig verstanden!

Tag 25: Mit dem Gedächtnispalast trainieren

Wiederholen Sie bitte zu Beginn Ihre drei Gedächtnispaläste.

Heute dürfen Sie Tempo trainieren. Ich empfehle Ihnen, dafür eine App zu gebrauchen. Online finden Sie dafür etwa Memory League oder Memocamp. Wenn Sie es ohne Software machen wollen, können Sie sich auch eine Liste mit zufälligen Begriffen suchen oder jemand bitten, für Sie 100 Worte aufzuschreiben. Nehmen Sie sich dann eine Stoppuhr mit Timerfunktion und stellen Sie diese auf zwei Minuten. Versuchen Sie, in den zwei Minuten 20 Worte mit dem Gedächtnispalast zu lernen. Überprüfen Sie dann, wie viele Sie noch wussten. Machen Sie das Spiel fünfmal (mit jeweils neuen Worten).

Variieren Sie dabei! Beim ersten Mal merken Sie sich ein Wort auf einem Wegpunkt. Also wenn Punkt 1 vom Gedächtnispalast vielleicht die Haustür ist und das Wort Spielplatz, dann stellen Sie sich vor, wie Sie die Haustür öffnen und da plötzlich ein neuer Spielplatz direkt vor Ihrer Haustür ist. Der Sand läuft schon in den Flur. Dann geht's weiter beim zweiten Wegpunkt und so fort.

Beim zweiten oder dritten Versuch lernen Sie zwei Worte pro Wegpunkt. Das erste Wort platzieren Sie so wie zuvor, aber das zweite Wort verbinden Sie jetzt mit dem ersten statt dem nächsten Wegpunkt. Beispiel: Die ersten beiden Worte sind Spielplatz und Taschenlampe. Stellen Sie sich vor, die Haustür geht auf, da ist der Spielplatz, den Sie jetzt mit der Taschenlampe in der Hand ganz genau betrachten. Jedes Spielgerüst leuchten Sie an. Wenn Sie wollen, können Sie danach auch mal probieren, drei oder noch mehr Worte auf einen Wegpunkt im Gedächtnispalast zu legen. Sie kombinieren dann Geschichten- und Routenmethode.

Was funktioniert am besten? Für mich sind das zwei Worte auf einem Wegpunkt. Wenn es, wie hier, um Tempo geht! Für langfristiges Lernen sind es oft deutlich mehr. Dann bin ich langsamer, habe aber weniger Wegpunkte nötig und kann zielgerichtet überlegen, wie viele Schlüsselworte ich auf einem Punkt platziere.

Tag 26: Ein kurzer Blick in den Gedächtnissport. Karten merken

Vertrauen Sie ihren Gedächtnispalästen immer mehr? Auch Zahlen können Sie dank des Major-Systems inzwischen einfach auswendig lernen. Das Buch hat nicht das Ziel, Sie zum Gewinn einer Gedächtnismeisterschaft zu führen. Wobei Sie herzlich eingeladen sind, Gedächtnissport mal auszuprobieren und kennenzulernen. Beim Verein MemoryXL – Europäische Gesellschaft zur Förderung des Gedächtnisses e.V. finden Sie mehr Informationen hierzu und auch, welche Angebote es zum Einstieg in den Gedächtnissport gibt. Ich war von 2006 bis 2020 ehrenamtlicher Präsident von MemoryXL und bin weiter bei vielen Veranstaltungen mit dabei.

Daher möchte ich heute eine der bekanntesten und wohl am häufigsten gezeigten Disziplinen aus dem Gedächtnissport vorstellen: das Merken der Reihenfolge eines gemischten Kartenspiels. Das hat sehr wenige Verbindungen zu täglichen Herausforderungen an das Gedächtnis.

Ich habe aber schon von vielen Teilnehmenden in meinen Trainings und Coachings gehört, dass es ein großartiges Glücksgefühl sein kann, es hinzubekommen! »Als ich es geschafft habe, mir die Reihenfolge eines ganzen Kartenstapels zu merken, fühlte ich mich wie ein Genie!«, schrieb mir mal jemand als Feedback. Für manche ist es regelrecht der Durchbruch auf dem Gedächtnisgebiet, wenn das erstmals funktioniert. Und je nach eigener Motivation kann dieses Glücksgefühl dann immer wieder erreicht werden, wenn das Kartendeck merken etwa beim nächsten Mal noch schneller klappt.

Wenn Sie die gelernten Techniken anwenden, ist es aber überhaupt nicht mehr so schwierig. Wie bei den Ziffern auch, benötigen Sie noch Schlüssel, welche die Karten selber ersetzen. Mein System ist eine Überarbeitung des Systems, das ich vor fast 20 Jahren selbst von Steffen Bütow gelernt habe, der einer der Pioniere des deutschen Gedächtnissports war und noch heute mit seinem Gedächtnisprojekt an einer Schule regelmäßig Juniorenchampions im Gedächtnissport hervorbringt.

Ich gebe jedem der vier Symbole (auch Farben genannt) ein Thema.

- Karo steht für den Zirkus, weil das Karomuster dort auf Zelt oder Kleidung des Clowns gerne eingesetzt wird.
- Herz steht für den Menschen, weil das Herz für Liebe zwischen Menschen steht.
- Pik steht für Gewalt und Gericht, da das Symbol für die Stichwaffen steht, oder auch eine Schaufel, mit der zugeschlagen werden kann.
- Kreuz steht für die Natur, weil das Symbol ursprünglich ein Kleeblatt symbolisiert und im altdeutschen Blatt mit der Eichel ebenfalls die Natur charakterisiert.

Alle Karten eines Symbols bekommen jeweils ihr eigenes Bild, passend zu diesem Thema. Dabei gehe ich so ähnlich vor wie beim Zahl-Form-System für Ziffern (1 war Kerze, 2 der Schwan et cetera) und überlege mir eine optische oder logische Verbindung.

Für Pik etwa verwende ich:

- 2 – Kruzifix mit zwei Balken, wie es auch heute noch in vielen Gerichtsräumen hängt
- 3 – Schlüssel (für die Gefängniszelle), die 3 ähnelt dem Schlüsselbart
- 4 – Gitter vor dem Gefängnisfenster
- 5 – Hantel
- 6 – Bombe

- 7 – Pistole
- 8 – Handschellen
- 9 – Beil (unten der Griff)
- 10 – Graffiti (1 Strich an der Wand, 0 Dose)
- Bube – Dieb
- Dame – Geld (auf Papiergeld waren oft Frauen abgebildet)
- König – Richter
- Ass – (Gesetz-)Buch (das aufrecht steht, leicht aufgeklappt)
  Gehen Sie diese Liste ein paarmal durch, bis Sie für jede Pik-Karte den Schlüssel wissen. Haben Sie ein Kartenspiel im Haus? Dann holen Sie es, nehmen die Pik-Karten heraus und mischen diese. Jetzt können Sie sich mit den 13 Bildern und 13 Punkten in einem Ihrer Gedächtnispaläste die Reihenfolge merken!

Wollen Sie weitermachen, bis es mit dem ganzen Kartenspiel klappt? Hier sind meine 52 Bilder für alle vier Themen:

	Pik (Gewalt)	**Kreuz (Natur)**	**Herz (Mensch)**	**Karo (Zirkus)**
2	Kreuz	Schwan	Augen	Podest
3	Schlüssel	Vogel	Ohr	Karabiner
4	Gitter	Glücksklee	Nase	Tribüne
5	Hantel	Apfel	Hand (fünf Finger)	Einrad
6	Bombe	Birne	Bauch	Trompete
7	Pistole	Sense	Arm	Trapez
8	Handschellen	Schneemann	Herz (mit zwei Kammern)	Jonglierbälle

	Pik (Gewalt)	Kreuz (Natur)	Herz (Mensch)	Karo (Zirkus)
9	Beil	Blume	Mund	Schuhe
10	Graffiti (1 Strich, 0 Dose)	Gewächshaus (1 Tür, 0 Glashaus)	Bett (1 Bett, 0 Decke)	Trommel (1 Stick, 0 Trommel)
Bube	Dieb	Affe	Baby	Clown
Dame	Geld	Giraffe	Mutter	Artistin
König	Richter	Löwe	Arzt	Direktor
Ass	Gesetzbuch	Baum	Hut	Zelt

Tag 27: Herr Ribbeck im Gedächtnisland

Einen Text exakt wortwörtlich auswendig zu lernen, ist auch mit Gedächtnispalast noch schwierig. Aber immer noch sehr viel leichter als ohne Gedächtnistechnik. Als Grundprinzip gilt auch hier: Schlüssel suchen, Schlüssel aufhängen, »Stell dir vor!«.

Das Auswendiglernen von Gedichten gehört kaum noch bis gar nicht mehr zum Pflichtprogramm in deutschen Schulen. Noch vor einigen Jahrzehnten war das anders. Auch heute gibt es noch eifrige Debatten, ob es eine nützliche Schulung ist oder pure Zeitverschwendung. Mein größtes Problem ist es, wenn nur die Aufgabe des Auswendiglernens gestellt wird, aber niemand den Kindern verrät, dass es mit Gedächtnistechniken gar nicht so schwer ist.

Nehmen wir Theodor Fontanes berühmten Herrn Ribbeck.

Herr von Ribbeck auf Ribbeck im Havelland,
Ein Birnbaum in seinem Garten stand,
Und kam die goldene Herbsteszeit

Bis dahin kommen viele wohl noch. Aber weiter?

Und die Birnen leuchteten weit und breit,
Da stopfte, wenn's Mittag vom Turme scholl,
Der von Ribbeck sich beide Taschen voll,
Und kam in Pantinen ein Junge daher,
So rief er: »Junge, wiste 'ne Beer?«
Und kam ein Mädel, so rief er: »Lütt Dirn,
Kumm man röwer, ick hebb 'ne Birn.«

Versuchen Sie, für jede Zeile einen oder zwei Schlüssel zu finden. Ich habe ein paar Beispiele zur Inspiration vorgegeben. Die Schlüssel legen Sie danach wieder in einen Gedächtnispalast. Lesen Sie dabei den vollen Text der Zeile ruhig durch und vergewissern sich nochmals, wofür der Schlüssel steht.

Text	Schlüssel
Und die Birnen leuchteten weit und breit,	Glühbirne leuchtet, weit werfen
Da stopfte, wenn's Mittag vom Turme scholl,	
Der von Ribbeck sich beide Taschen voll,	Rippe, volle Tasche
Und kam in Pantinen ein Junge daher,	
So rief er: »Junge, wiste 'ne Beer?«	Junge, Bier
Und kam ein Mädel, so rief er: »Lütt Dirn,	
Kumm man röwer, ick hebb 'ne Birn.«	

Tag 28: Gesprächsinhalte

Heute sind es zwei kleine Aufgaben.

Aufgabe 1: Probieren Sie noch einmal, sich an die 100 Stellen von Pi zu erinnern, die Sie genau vor einer Woche gelernt haben. Wissen Sie diese noch?

Aufgabe 2: Haben Sie heute Termine? Ein Zoommeeting vielleicht, ein Teammeeting in der Arbeit oder eine Familienkonferenz? Suchen Sie sich vorab ein Zimmer eines Gedächtnispalastes aus. Während des Gesprächs machen Sie etwa alle drei Minuten ein Bild in Ihrem Gedächtnispalast, worüber jetzt gerade gesprochen wird. Für ein dreißigminütiges Meeting reichen also etwa zehn Bilder, die Sie in einem Zimmer ablegen. Wenn das Treffen beendet ist, gehen Sie im Kopf Ihr Zimmer durch. Wissen Sie noch alle Bilder? Für welche Themen standen die? Können Sie sich durch diese einzelnen Gedächtnisstützen auch an weitere Gesprächsinhalte erinnern, die gar nicht im Gedächtnispalast liegen, an die Sie so aber auch nicht gedacht hätten?

Tag 29: Namen

Heute kombinieren Sie alle Schritte, Gedächtnistechniken und Tipps zum Namenmerken. Nehmen Sie sich für heute vor, von mindestens fünf Menschen, die Sie noch nicht kennen, die Namen zu lernen. Gehen Sie dafür jeweils alle fünf Schritte durch. Vom Verstehen und Lautaussprechen über das Wählen und Verbinden der Schlüssel bis zum Wiederholen.

Setzen Sie sich zum Beispiel bewusst beim Mittagessen in der Kantine zu unbekannten Kollegen oder fragen Sie die Servicefachkraft nach ihrem Namen. Sie können auch online nach interessanten Menschen suchen und sich deren Namen zu den Fotos einprägen.

Wenn es Ihnen wie den meisten Nutzern von Social-Media-Plattformen geht, so haben Sie dort auch zahlreiche Menschen in Ihrem Netzwerk, die Sie gar nicht wirklich kennen. Wählen Sie davon einige aus, denen Sie mal wieder oder schon immer überhaupt mal schreiben wollten, tun Sie das und merken Sie sich gleich die Namen. Zwei Fliegen mit einer Klappe: Namensgedächtnis trainiert und Netzwerk gestärkt!

Tag 30: Anerkennung und Wertschätzung

Herzlichen Glückwunsch! Sie haben es geschafft. Das ist ein Grund zu feiern. Gönnen Sie sich etwas und gratulieren Sie sich (und den Menschen, mit denen Sie das Programm zusammen gemacht haben): Das hast du gut gemacht!

Nehmen Sie sich dann ein paar Minuten, um zurückzudenken, welche Aufgaben Sie in diesem Monat gemeistert haben. Was ist in der Zeit eigentlich noch so passiert? Haben Sie etwas gelernt? Kamen Ihnen neue Ideen? Welche Gedächtnistechniken beherrschen Sie jetzt? In welchen Situationen haben Sie diese schon anwenden können und in welchen werden Sie das zukünftig tun? Wenn Sie sich Notizen oder Aufzeichnungen gemacht haben, lesen Sie sich diese ruhig noch mal durch.

Lassen Sie zu, dass Sie stolz auf sich sind: Das war ja keine Kleinigkeit. Wenige Menschen haben sich die Zeit genommen, einen Monat auf ihr Denken und Lernen zu schauen. Irgendwann demnächst sollten Sie im nächsten Kapitel den Schlusstest machen und mit der Punktzahl mit der vom Beginn vergleichen, als Sie in Kapitel 1 dieses Buches mit einem Test begonnen haben. Aber das muss nicht heute sein. Wenn Sie heute nur zurückblicken und den Erfolg genießen, ist das völlig in Ordnung!

7 Testen Sie Ihr Gedächtnis

Es ist jetzt an der Zeit, dass Sie Ihr Gedächtnis erneut testen. Machen Sie dies bitte nicht, bevor Sie alle Techniken für ein besseres Gedächtnis, einen entspannten Geist und mehr Konzentration aus diesem Buch gelernt und auch etwas geübt haben. Idealerweise haben Sie das 30-Tage-Programm aus dem vorherigen Kapitel abgeschlossen, bevor Sie diesen Test angehen.

Je konzentrierter Sie diese Aufgaben anpacken, umso aussagekräftiger werden die Ergebnisse sein. Sie benötigen insgesamt etwa 45 Minuten Zeit. Überlegen Sie vorab, wann Sie sich diese Zeit nehmen können. Stellen Sie Ihr Telefon dann aus, das Handy in den Flugzeugmodus und sorgen Sie dafür, dass Sie nicht abgelenkt werden. Stellen Sie sich ein Glas Wasser bereit. Es gilt das Gleiche wie beim ersten Test zu Beginn: Sie brauchen etwas zum Schreiben: Stift und Papier. Oder Sie tippen in Smartphone, Tablet oder Computer. Legen Sie sich wieder einen Timer mit Alarm bereit, etwa eine Stoppuhr, oder nutzen Sie die Timerfunktion Ihres Mobiltelefons.

Halten Sie sich an die genannten Zeiten. Klar, es ist einfacher, wenn man eben noch einen Moment länger guckt, aber dann ist das Ergebnis nicht mehr glaubwürdig, nicht vergleichbar.

Machen Sie erst alle Tests und werten Sie danach Ihr Ergebnis aus.

Ich wünsche Ihnen viel Spaß und viel Erfolg!

Tests

1. Kurzzeitgedächtnis

Die erste Aufgabe, die wir wiederholen, ist die »Ziffernspanne«. Sie haben jetzt 100 Bilder für die Zahlen im Kopf. Aber kennen Sie diese bereits so gut, dass Sie im Tempo von ungefähr einer Ziffer pro Sekunde abgerufen werden können? Wenn ja, super, dann versuchen Sie je zwei Ziffern, die Sie hören oder lesen, in Bilder zu übersetzen und diese im Kopf zu behalten.

Falls noch nicht, können Sie die einstelligen Bilder vom Zahl-Form-System verwenden oder diese auch mit der ursprünglichen Vorgehensweise kombinieren. Sie könnten etwa für die ersten zwei bis vier Ziffern an die jeweiligen Bilder denken und sich die restlichen Ziffern, so wie vermutlich am Beginn, vorsprechen.

Die Aufgabe geht so: Auf der folgenden Seite sehen Sie einige Ziffernfolgen. Jede Zeile steht dabei für sich. Der Test beginnt mit einer Reihe von drei Ziffern. Idealerweise haben Sie jemanden, der Ihnen helfen und die Ziffern vorlesen kann. Haben Sie niemanden, der Ihnen vorlesen kann, lesen Sie sich die Ziffern selbst laut im Tempo von einer Ziffer pro Sekunde vor – Sie dürfen aber nicht zurückgucken auf schon gelesene! Danach aus dem Gedächtnis aufschreiben, dann die nächste Reihe.

Die Ziffern sollen im Tempo von ungefähr einer Ziffer pro Sekunde vorgelesen werden. Also in einem ruhigen Tempo, aber ohne lange Pausen zwischen den Ziffern. Direkt nachdem alle Ziffern einer Zeile vorgelesen wurden, sollen Sie diese aus dem Gedächtnis aufschreiben. Es geht also los mit drei Ziffern. Sie dürfen natürlich nicht mitschreiben, aber sofort loslegen, nachdem die letzte Ziffer ausgesprochen wurde. Wenn Sie fertig sind mit dem Schreiben, folgt die nächste Reihe. Pro Schwierigkeitsstufe gibt es zwei Versuche. Also zweimal drei Ziffern, dann zweimal vier Ziffern und so weiter. Maximal können Sie bis zehn Ziffern weitermachen – aber untrainiert ist dies nahezu unmöglich. Wenn Sie schon vorher sicher sind, dass es auf gar keinen Fall mehr klappt, können Sie natürlich eher aufhören.

Länge	-	Ziffernfolge
3	-	8 0 1
3	-	5 0 5
4	-	8 7 9 1
4	-	9 1 4 8
5	-	9 6 1 0 7
5	-	3 4 6 7 9
6	-	5 9 2 1 4 0
6	-	2 7 7 5 3 1
7	-	8 0 9 5 3 8 2
7	-	8 7 4 7 5 3 1
8	-	7 4 2 3 6 9 2 1
8	-	3 6 4 1 7 7 5 6
9	-	2 7 9 8 4 9 0 1 6
9	-	8 6 0 6 4 8 9 0 2
10	-	6 3 5 0 9 8 6 3 8 4
10	-	4 1 7 3 2 6 2 5 8 0

2. Einkaufsliste

Auf der nächsten Seite finden Sie eine Liste mit 40 Dingen, die Sie in Geschäften kaufen können. Sie haben vier Minuten Zeit, um sie sich anzusehen und einzuprägen. Am besten dürfte dies klappen, wenn Sie die Gegenstände in einen Ihrer Gedächtnispaläste legen. Ein oder zwei Dinge pro Wegpunkt, je nachdem wie es für Sie beim vorherigen Üben am besten geklappt hat.

Dann haben Sie weitere vier Minuten Zeit, um sich an so viele Dinge wie möglich zu erinnern. Die Reihenfolge ist nicht wichtig, aber mit dem Gedächtnispalast wohl trotzdem kein Problem mehr. Ebenso egal ist die Rechtschreibung. Es muss aber das richtige Wort sein. Wenn Sie sich an »Suppe« erinnern, es aber »Eintopf« war, zählt das nicht.

Tipp: Es gibt 40 Wörter. Sie müssen sich sicher nicht alle ansehen! Dieser Test soll für jedes Niveau eine Herausforderung sein. Oft ist die Punktzahl höher, wenn man sich einen Teil der Wörter zweimal ansieht, anstatt alle Wörter nur einmal zu lesen. Sie können auch zehn Worte anschauen, dann diese ersten zehn wiederholen, gefolgt von zehn neuen Worten und so weiter.

Hinweis: Vergessen Sie diese Wörter **nicht** sofort, nachdem Sie sie aufgeschrieben haben!

LERNEN – 4 MINUTEN

Zucker
Ziegenkäse
Walnüsse
Malkasten
Kopfschmerztabletten
Lampe
Blumen
Feuerzeug
Trommel
Flasche
Bohnen
Ei
Stempel
Joghurt
Schale
Seife
Violine
Bilderbuch
Schrauben
Toast

Löffel
Servietten
Decke
Sojasauce
Jacke
Alufolie
Bettlaken
Aufladekabel
Zahnbürste
Tee
Schnuller
Kürbis
Wein
Telefon
Kerzen
Senf
Küchenpapier
Bleistift
Hühnerbrust
Sellerie

WIEDERGABE – 4 MINUTEN

3. Kreditkartennummern

Sie sehen auf der nächsten Seite vier Kreditkarten mit Kartennummer, Gültigkeitsdatum und Sicherheitscode. Sie haben fünf Minuten, um sich so viele wie möglich von diesen Daten zu merken. Verwenden Sie das Major-System und einen Gedächtnispalast!

Die Wiedergabezeit beträgt anschließend wieder vier Minuten, in denen Sie aufschreiben, woran Sie sich erinnern. Hierbei muss die Reihenfolge natürlich stimmen

Sie erhalten wieder für jede korrekte Ziffer einen Punkt. Es muss also nicht die vollständige Kartennummer richtig sein, um Punkte zu sammeln. Auch hier gilt: Lieber etwas weniger anschauen und wiederholen, dafür richtig haben, als am Ende alles durcheinanderzubringen.

LERNEN – 5 MINUTEN

WIEDERGABE – 4 MINUTEN

4. UNGARISCH-VOKABELN

In der vierten Aufgabe geht es wieder darum, sich so viele ungarische Worte wie möglich in nur zwei Minuten einzuprägen. Diese Aufgabe ist für Sie leider nicht geeignet, falls Sie bereits Ungarisch können.

Sie sehen gleich 20 ungarische Worte mit der jeweiligen deutschen Übersetzung. Diese dürfen Sie sich zwei Minuten lang ansehen. Anschließend werden Sie die 20 ungarischen Worte in einer anderen Reihenfolge wiedersehen und sollen aus dem Gedächtnis in maximal vier Minuten die Übersetzungen aufschreiben, die Sie noch wissen. Es ist also nicht nötig, dass Sie die ungarischen Begriffe selbst perfekt lernen: Es reicht, wenn Sie diese anschließend wiedererkennen.

Was die Technik angeht, empfehle ich Ihnen die Schlüsselwortmethode. Suchen Sie einen Schlüssel und kombinieren Sie diesen mit der tatsächlichen Bedeutung.

LERNEN – 2 MINUTEN

ad – geben
kenyér – Brot
ablak – Fenster
könyv – Buch
talál – finden
szem – Auge
úszik – schwimmen
nagy – groß
hall – hören
kolbász – Wurst

ég – Himmel
ágy – Bett
puha – weich
sárga – gelb
szomorú – traurig
tehén – Kuh
vonat – Zug
kutya – Hund
virág – Blume
unalmas – langweilig

WIEDERGABE – 4 MINUTEN

hall
szem
úszik
ágy
kutya
ablak
talál
puha
tehén
kenyér
virág
kolbász
nagy
szomorú
ég
vonat
könyv
unalmas
sárga
ad

5. Namen und Gesichter

Auch diese Aufgabe haben Sie im 30-Tage-Programm gut geübt. Namen und Gesichter merken. Im vorletzten Test schauen Sie, wie gut Sie das inzwischen können.

Sie sehen wieder 15 Gesichter mit zugehörigen Vor- und Nachnamen. Vier Minuten dürfen Sie sich diese ansehen. Danach haben Sie wieder vier Minuten Zeit, um unter die gleichen Gesichter, in anderer Reihenfolge präsentiert, die Namen zu schreiben, an die Sie sich erinnern.

Für jeden richtigen Vornamen gibt es einen Punkt und für jeden richtigen Nachnamen ebenso. Natürlich nur, wenn diese unter dem richtigen Foto stehen. Stimmt nur Vorname oder Nachname, gibt es einen Punkt. Stimmen beide: zwei Punkte für diese Person! Maximal möglich sind entsprechend 30 Punkte, Strafpunkte für Fehler gibt es nicht.

LERNEN – 4 MINUTEN

Thorsten Schreiner

Cordula Seiffert

Ben Förster

Anja Kovac

Jack O'Connor

Sara Bregenz

Max Nguyen

Femke de Mol

Gustav Nicklas

Laura Esposito

Conny Pankoff

Sofia Pedersen

Bastian Remfort

Marie Dubois

Martin Fischer

WIEDERGABE – 4 MINUTEN

6. Langzeitgedächtnis

Zum Schluss: Versuchen Sie noch einmal, sich an so viele Worte der Einkaufsliste wie möglich zu erinnern und diese aufzuschreiben.

SCORE

Bitte verwenden Sie die Auswertungshilfe aus Kapitel 1. Die Aufgaben werden wieder auf die gleiche Weise bewertet und die Punkte gezählt. Natürlich gibt es auch wieder die gleichen Bonuspunkte je nach Alter, mit denen Sie Ihre Punktzahl korrigieren. Vergleichen Sie Ihr Ergebnis mit dem Test, den Sie vor einiger Zeit gemacht haben, als Sie mit diesem Buch begonnen haben. Wo konnten Sie sich verbessern, wo müssen Sie noch üben?

Aufgabe	Punktzahl	maximale Punktzahl	korrigierte Punktzahl
1. Ziffernspanne		10	
2. Einkaufsliste		40	
3. Kreditkarten		92	
4. Ungarisch		20	
5. Namen und Gesichter		30	
6. Langzeitgedächtnis		40	

Was haben Sie erreicht?

Wenn Sie das 30-Tage-Programm durchgeführt und alle Techniken geübt und wiederholt haben, werden Sie sicher schon eine deutliche Verbesserung Ihrer Gedächtnisleistung feststellen. Ich hoffe vor allem, dass Sie auch neues Vertrauen in Ihr Gedächtnis und mehr Freude am Lernen gewonnen haben. Spüren Sie bereits mehr Ruhe und Gelassenheit im Alltag und im Umgang mit Informationen?

Regelmäßiges explizites Training ist nicht zwingend nötig. Wenn Sie die erlernten Techniken regelmäßig im Alltag anwenden, ist dies Übung genug. Weiterhin die Gedächtnistechniken zu trainieren, kann aber helfen, Ihre Gedächtnisbilder noch schneller zu finden und entsprechend das Gedächtnis weiter zu steigern. Hat es Ihnen Spaß gemacht, mit dem Major-System Zahlen zu lernen? Wollen Sie die gewonnenen Strukturen für mehr Platz im Kopf mit anderen Menschen teilen? Haben Sie am fünfzehnten Tag des 30-Tage-Kurses etwas entdeckt, das Sie als neues Lernprojekt in Angriff nehmen möchten? Formulieren Sie sich jetzt Ziele! Lernen und sich Neues aneignen, das hört nie auf. Das ist eine Tatsache. Und das ist eine gute Nachricht, denn Lernen kann eine Menge Spaß machen.

Falls noch Fragen offengeblieben sind, können Sie mir diese gerne stellen. Hat Ihnen dieses Buch gefallen? Sie können mir helfen und eine Freude bereiten, indem Sie mir eine E-Mail oder Nachricht mit Ihrem Feedback schicken! Sie können mich online unter www.boriskonrad.de oder auf den größten Social-Media-Plattformen wie LinkedIn, Xing, Facebook und Instagram finden. In der realen Welt treffen Sie mich oft auf Veranstaltungen, Kongressen und Konferenzen, für die ich als Redner gebucht bin und meine Leidenschaft für unser Gedächtnis und allgemeiner für die Hirnforschung weitergeben darf. Wenn Sie mich sehen, sprechen Sie mich an – ich merke mir gerne Ihren Namen! Und wenn ich etwas für Ihr Unternehmen, Ihre Organisation oder Ihre Veranstaltung tun kann, würde ich mich freuen, von Ihnen zu hören.

Ich wünsche Ihnen, dass Sie immer Lust haben, etwas Neues zu lernen, wenig Stress und viel Ruhe und Platz im Gehirn. Nutzen Sie Ihre vielfältigen Talente und denken Sie daran: Sie können Ihre Fähigkeiten immer weiterentwickeln, unabhängig von Ihrem Alter oder Ihrem Ausgangsniveau. Machen Sie davon Gebrauch!

Viel Erfolg!

Danksagung

Mehr Platz im Gehirn – Dieses Buch durfte ich in turbulenten Zeiten schreiben. Wenn wir auf die Jahre 2020 und 2021 zurückblicken, gibt es eine Ursache, die bei uns allen zu mehr Stress, Unsicherheit und bei einigen leider auch zu schwerer Krankheit oder gar zum Tod geführt hat. Mein großer Dank gilt allen, die auf ihre Art wie auch immer geholfen haben, gegen die COVID-19-Erkrankungen und die Folgen der Pandemie zu kämpfen!

Dass ich dieses Buch nicht nur schreiben darf, sondern dass dieses auch Menschen erreichen kann, liegt am Vertrauen und der großartigen Unterstützung von Michaela Ruis, Marie Melzer, Stephanie Walter und dem ganzen Team beim Ariston Verlag und der Verlagsgruppe Penguin Random House. Schon 2016 haben wir bei *Alles nur in meinem Kopf* super zusammengearbeitet und vielen Menschen Wissen über unser Gehirn leicht verständlich vermitteln dürfen. Danke, dass ihr die Idee, dem populärwissenschaftlichen, theoretischen Buch einen praktischen Guide folgen zu lassen, so engagiert begleitet habt!

Mein Dank für eure Unterstützung gilt auch dem Verlag Ambo Anthos in den Niederlanden, Daniel M. und Daniel W. von der Agentur Petra Eggers, Wendie, Heini, Thomas und dem 5-Sterne-Team. Außerdem danke ich allen Freunden, meiner Familie und meinen Kollegen am Donders Institute und dem Radboud University Medical Center sowie bei der German Speakers Association und PSA Nederland für eure Ideen, Gespräche und euer Feedback zu meinem Buch und dafür, dass wir auch in schwierigen Zeiten so gut zusammengehalten haben.

Mein allergrößter Dank gilt dir, meiner lieben Frau Mariëtte. Ich dachte: »Da habe ich ja jetzt genug Zeit für ein neues Buch!«, als Anfang 2020 die schon gebuchten Veranstaltungen aus dem Kalender verschwanden, weil die Pandemie sie unmöglich machte. Wir wussten da noch nicht, dass du schwanger warst. Schon gar nicht, dass es keine gewöhnliche Schwangerschaft werden wird. Was du alles mitgemacht und ausgehalten hast mit einer komplizierten Zwillingsschwangerschaft, ist heftig. Und trotzdem hast du mir noch, auch wenn wir jetzt vier kleine Kinder zu Hause haben, den Raum gegeben, neben meiner normalen Arbeit dieses Buch (fast) pünktlich fertigzustellen. Danke! Ich liebe dich!

Quellen

1 Dresler, M., Shirer, W. R., Konrad, B. N., Müller, N. C., Wagner, I. C., Fernández, G., ... & Greicius, M. D. (2017). »Mnemonic Training Reshapes Brain Networks to Support Superior Memory«. *Neuron*, 93(5), 1227-1235.

2 Wagner, I. C., Konrad, B. N., Schuster, P., Weisig, S., Repantis, D., Ohla, K., ... & Dresler, M. (2021). »Durable Memories and Efficient Neural Coding Through Mnemonic Training Using the Method of Loci«. *Science advances*, 7(10).

3 Bellmund, J. L., Gärdenfors, P., Moser, E. I., & Doeller, C. F. (2018). »Navigating Cognition: Spatial Codes for Human Thinking«. *Science*, 362(6415).

4 Dweck, C. (2016). »What Having a ›Growth Mindset‹ Actually Means«. *Harvard Business Review*, 13, 213-226.

5 Hultsch, D. F., Hertzog, C., Small, B. J., & Dixon, R. A. (1999). »Use It or Lose It: Engaged Lifestyle As a Buffer of Cognitive Decline in Aging?« *Psychology and Aging*, 14(2), 245-263.

6 Miller, G. A. (1956). »The Magical Number Seven Plus Minus Two: Some Limits on Our Capacity for Processing Information.« *Psychological Review*, 63(2), 81-97.

7 Baddeley, A. (1992). »Working Memory.« *Science*, 255(5044), 556-559.

8 Nader, K., & Einarsson, E. Ö. (2010). »Memory Reconsolidation: an update.« *Annals of the New York Academy of Sciences*, 1191(1), 27-41.

9 Maxfield, L., Melnyk, W. T., & Hayman, G. C. (2008). A working memory explanation for the effects of eye movements in EMDR. *Journal of EMDR Practice and Research*, 2(4), 247-261.

10 Diekelmann, S., & Born, J. (2010). »The Memory Function of Sleep.« *Nature Reviews Neuroscience*, 11(2), 114-126.

11 Paller, K. A., Mayes, A. R., Antony, J. W., & Norman, K. A. (2020). Replay-based consolidation governs enduring memory storage. *The cognitive neurosciences*, 263-274.

12 Dawes, A. J., Keogh, R., Andrillon, T., & Pearson, J. (2020). »A Cognitive Profile of Multi-Sensory Imagery, Memory and Dreaming in Aphantasia.« *Scientific Reports*, 10(1), 1-10.

13 Wagner et al. (2021). »Durable Memories and Efficient Neural Coding«.Science advances, 7(10).

14 Grabner, R. H., Neubauer, A. C., & Stern, E. (2006). »Superior Performance and Neural Efficiency: The Impact of Intelligence and Expertise.« *Brain Research Bulletin*, 69(4), 422-439.

15 Kidd, D. C., & Castano, E. (2013). »Reading literary fiction improves theory of mind.« *Science*, 342(6156), 377-380.
Bavishi, A., Slade, M. D., & Levy, B. R. (2016). ›A chapter a day: Association of book reading with longevity.‹ Social Science & Medicine, 164, 44-48.

16 Kelly, L. (2017). *The Memory Code: Unlocking the Secrets of the Lives of the Ancients and the Power of the Human Mind.* Atlantic Books.

17 Ericsson, K. A., & Staszewski, J. J. (2013). »Skilled Memory and Expertise: Mechanisms of Exceptional Performance.« *Complex information processing: The Impact of Herbert A. D. Klahr*, K. Kotovsky (Hrsg.). Pp 235-267. Psychologgy Press.

18 Moser, M. B., Rowland, D. C., & Moser, E. I. (2015). »Place Cells, Grid Cells, and Memory.« *Cold Spring Harbor Perspectives in Biology*, 7(2).

19 Karpicke, J. D., & Roediger, H. L. (2008). »The Critical Importance of Retrieval for Learning.« *Science*, 319(5865), 966-968.

20 Die englischsprachige Wikipedia hat eine vergleichende Übersicht: https://en.wikipedia.org/wiki/List_of_flashcard_software (abgerufen 01.02.2022)

21 Clear, J. (2020). Die 1%-Methode – minimale Veränderung, maximale Wirkung: mit kleinen Gewohnheiten jedes Ziel er-

reichen. Aus dem am. Englisch von Annika Tschöpe. München: Goldmann.

22 Bormans, K., Roe, K., & De Wachter, D. (2016). »Virtual Memory Palaces to Improve Quality of Life in Alzheimer's Disease.« *Annual Review of CyberTherapy and Telemedicine*, 14, 227-232.

Bildnachweis

akg-images: 185 o., 185 u., (akg images), 186 m. (Album); Britz, Josefine: 43, 44, 206, 239, 240; Depositphotos: 49, 50, 181, 182, 245, 246 (olly18); Interfoto: 187 u. (Friedrich); Koopmann, Selma: 144, 147; Mauritius-Images: 186 o. (History & Art Collection / Alamy / Alamy Stock Photos), 186 u. (Historic Images / Alamy / Alamy Stock Photos), 187 o. (IanDagnall Computing / Alamy / Alamy Stock Photos); van den Berg, Barbara: 10, 14, 124